本书研究获
国家自然科学基金青年科学基金项目（编号：71403301）、国家自然科学
基金项目（编号：71073066）和华中师范大学优秀博士学位论文培育计划
资助项目的支持

知识管理与知识服务研究　　王伟军　主编

学术博客用户行为

——理论模型与实证研究

甘春梅　著

科学出版社

北京

内 容 简 介

　　学术博客能够有效地促进在线学术交流与合作，日益受到学界和业界的关注。探讨学术博客用户行为问题不仅重要而且迫切。本书遵循规范的实证研究范式，采用文献调研、问卷调查以及统计分析等方法，重点关注学术博客采纳意愿、采纳行为和持续意愿这三类学术博客用户行为。在借鉴不同学科理论的基础上，分别从信任、心理诱因和满意感视角构建学术博客信任建立的前因与后果模型、学术博客知识交流与共享的心理诱因模型以及学术博客持续意愿的基于拓展的 ECT-IS 模型、S-O-R 模型、交互性与沉浸感模型，并进一步以国内知名的学术博客平台——科学网为研究对象，通过问卷调查分别进行数据搜集，并以结构方程模型来进行数据分析，形成研究结论。

　　本书可供从事信息管理、信息资源管理、信息系统以及用户行为等领域研究的相关人员以及高等院校相关专业的师生参考使用。

图书在版编目(CIP)数据

　　学术博客用户行为：理论模型与实证研究／甘春梅著.—北京：科学出版社，2016.3

　　（知识管理与知识服务研究／王伟军主编）

　　ISBN 978-7-03-047523-7

　　Ⅰ.①学…　Ⅱ.①甘…　Ⅲ.①互联网络–应用–知识传播–研究　Ⅳ.①G2-39

　　中国版本图书馆 CIP 数据核字（2016）第 044320 号

责任编辑：林　剑／责任校对：邹慧卿
责任印制：徐晓晨／封面设计：耕者工作室

科学出版社 出版
北京东黄城根北街 16 号
邮政编码：100717
http://www.sciencep.com

北京中石油彩色印刷有限责任公司 印刷
科学出版社发行　各地新华书店经销
*
2016 年 3 月第　一　版　　开本：720×1000　B5
2016 年 3 月第一次印刷　　印张：12 3/4
字数：237 000
定价：92.00 元
（如有印装质量问题，我社负责调换）

总　　序

知识，作为社会经济活动的基本要素，已成为社会经济发展的基本资源和根本动力，人类因此进入知识经济和知识社会的新时代。但是，新的知识环境在促进社会发展和人类进步的同时，也让我们置身于知识生态的重重矛盾之中：一方面知识存量激增，并呈爆炸性增长；另一方面知识稀缺严重，人们生活在知识的海洋中，却难以获得所需要的知识。一方面知识产生速度加快，新知识源源不断；另一方面知识老化加速，知识更新周期缩短。一方面知识广泛传播，互联网络提供了知识传播的新途径，跨越了知识扩散的时空障碍；另一方面数字鸿沟日趋明显，城乡差距、地区差异、人群差别影响知识的扩散。因此，如何有效地管理和开发利用知识资源，更好地满足人们日益增长和迫切的知识需求，是人类自我完善和自我发展的需要，更是推动知识创新与知识经济发展的前提和基础，是社会全面协调和科学发展的关键。

知识管理与知识服务诞生于知识经济逐渐兴起、信息技术飞速发展、商业竞争日益加剧的环境中，广泛融合了信息科学、管理学、图书情报学等多学科理论与方法，形成了以"知识"为核心和研究对象的一个新的跨学科研究领域。从管理学视角，知识管理是将组织可获得的各种来源的信息转化为知识，并将知识与人联系起来的过程，强调对显性知识和隐性知识的管理与共享，利用集体的智慧提高组织的应变和创新能力；而知识服务是知识管理领域的演变进化，是随知识管理发展而延伸的概念，是新兴的服务科学、管理和工程学科（SSME）的重要分支。从图书情报视角，知识管理是信息管理的进一步发展，知识服务是信息服务的深化与拓展，知识服务的功能应建立在信息管理和知识管理的基础之上，以满足用户的知识需求和实现知识增值为目标。因此，知识管理是知识服务的基础，知识服务是知识管理的延伸，也是知识管理实现知识创新目标的有效途径。知识管理与知识服务也逐渐成为图书情报学、管理学和信息科学等多学科关注的重要领域和研究热点。

华中师范大学信息管理系及其相关院所的部分教师，长期以来围绕"信息—信息资源—知识的组织与管理、服务与开发利用"等方面，展开积极的探索，从人、环境、信息及其交互关系的视角，运用图书情报学、心理学、管理学、信息科学等多学科的理论和研究方法，开展知识管理与知识服务基础理论、知识组织与检索、知识管理评价与优化、知识管理与知识服务系统及其关键技术、知识转移与知识创新等方面的研究。先后承担或参与了国家"863"计划、国家"十一五"科技攻关计划、教育部高等学校学科创新引智计划、教育部新世纪优秀人才支持计划、国家自然科学基金和国家社会科学基金等多个国家级项目和省部级课题，取得了一系列的研究成果，产生了一定的社会和学术影响，并有多位教师入选教育部新世纪优秀人才支持计划。通过这些重要项目的引领和驱动，华中师范大学逐渐显现出知识管理与知识服务方面的研究特色与发展潜力，基本形成了以信息管理系部分教师为主体的充满激情和活力的研究队伍。为了进一步凝聚学科发展方向，提升学科发展的核心竞争力，学校特成立知识管理与知识服务研究中心，定位于跨学科、创新性的研究平台，以更好地团结和组织相关研究人员开展跨学科联合攻关，服务于国家战略和区域经济与社会发展。

知识管理与知识服务研究中心的一项重要工作就是搭建一个开放式的学术交流平台，经常性地开展学术讲座、专题研讨和学术沙龙等活动，并及时精选研究团队中有价值的研究成果予以发展。现在将首次呈现在读者面前的《知识管理与知识服务研究》丛书共有10部著作：《Web 2.0信息资源管理》（王伟军等），《XML文档全文检索的理论和方法》（夏立新），《网格知识管理与服务》（李进华），《基于Web挖掘的个性化信息推荐》（易明），《供应链中的知识转移与知识协同》（李延晖），《区域产业集群中的知识转移研究》（段钊），《知识交流中的版权保护与利益平衡研究》（刘可静），《数字图书馆评价方法》（吴建华），《知识流程服务外包》（王伟军、卢新元等），《IT外包服务中的知识转移风险研究》（卢新元）。这些著作都是从国家级项目的研究成果或博士学位论文中精选出来，经过进一步补充与完善而写成的学术专著。

以上选题涉猎虽广，但都聚焦于"知识"或"知识流"这一核心，置之于新一代互联网环境，关注知识的组织、交流与共享、转移与创新、评价与服务，分别立足于宏观基础、中观产业和微观组织层面展开相关研究。例如，宏观层面的基于Web 2.0的信息资源与知识管理变革、网格知识管理与服务的实现、知识交流中的知识产权保护与利益平衡研究；中观产业层面的区域产业集群中的知识转移与知识创新、供应链中的知识转移与知识协同、知识流程服务外包研究；微观组织或具体应用层面的 XML 文档全文检索的理论与方法、基于 Web 挖掘的个性化信息服务、数字图书馆评价方法等。从中我们不难发现，这些研究都是针对现实中具体的理论与应用问题展开的积极探索，具有很强的跨学科性，显著的创新性和前沿性。

知识管理与知识服务仍是一个新兴的跨学科领域，需要我们大胆地探索。丛书是开放性的学术平台，今后还会不断推出优秀的研究成果，旨在促进我国知识管理与知识服务的理论创新与应用研究，形成有中国特色的知识管理与知识服务理论和方法体系，指导我国知识管理与知识服务的应用实践，为促进我国知识经济的发展和创新型国家建设做出积极的贡献。

本套丛书的出版得到了华中师范大学研究生处、社科处、科技与产业处和信息管理系的大力支持，也得到了科学出版社的鼎力相助，在此表示衷心的感谢！

王伟军

武汉桂子山

2009 年 3 月 28 日

序

Web 2.0 的概念自 2004 年提出以来，其思想及技术体系就得到极大的发展和广泛的应用，在科研领域同样也变革了知识交流与传播的手段和模式。国家、机构以及科研人员都在积极尝试利用各种学术 Web 2.0 工具促进知识交流、知识共享、知识创新和知识传播，如学术博客应用于在线学术交流与合作等。西方国家不仅在战略层面上高度重视在线学术交流，在具体应用上也较为普遍；而我国也日益重视并积极探索适合我国学术环境的在线学术交流方式。研究与实践均表明，学术博客具有很大的潜力与价值。国外科研组织和科研人员正积极应用各类学术博客平台；而国内在这方面的实践则远远落后于国外，国内许多科研组织和科研人员对使用学术博客仍然采取犹豫态度。基于此，研究哪些因素影响学术博客用户的使用行为，尤其是不同阶段的学术博客用户使用的影响因素研究，具有重要的理论价值和实践意义。

该书重点关注学术博客采纳意愿、采纳行为和持续使用意愿这三类学术博客用户行为，揭示影响学术博客用户行为的因素及其作用机理；基于多维度的视角，通过整合不同学科的理论来预测和解释不同的学术博客用户行为。具体地，从信任视角出发，基于信任相关的理论来阐释学术博客采纳意愿；从心理诱因入手，基于动机理论、社会交换理论和公共物品困境理论来解释学术博客采纳行为；以满意感作为切入点，基于 ECT-IS 模型、S-O-R 模型以及交互性模型和沉浸理论来阐释学术博客持续意愿。该书分别构建了学术博客采纳意愿模型、学术博客采纳行为模型和学术博客持续意愿模型，并提出相应的假设。通过遵循规范的实证研究范式，该书对所提出的五个模型分别进行验证。其创新点主要体现在以下几个方面：

第一，深化与丰富在线环境下信任机制的研究。已有研究证实过信任对信息系统用户行为的重要性，但较少关注不同类型的信任所发挥的不同作用以及如何构建不同类型的信任。研究结果显示，对成员能力的信任以及对服务提供商的信任显著影响学术博客用户的采纳意愿，而对成员正直/善行的信任则对学术博客用户的采纳意愿不产生作用；此外，熟悉（基于知识）、声誉（基于认知）、信任倾向（基于个人特质）和结构特征（基于制度）均显著影响信任的形成。

第二，补充与完善信息系统用户采纳行为影响因素的研究。不少研究探讨过信息系统用户采纳行为不同层面的影响因素，包括技术层面、组织层面和个体层面等；但较少有研究关注用户心理层面，也较少有研究同时关注信息系统用户采纳行为的促进因素和阻碍因素。实证结果显示，人际信任、乐于助人对学术博客采纳行为产生显著的正向作用，而私欲则对学术博客采纳行为产生显著的负向作用；此外，人际信任能够调节私欲的这一负向作用。

第三，拓展与丰富在线环境下满意感的研究。已有研究已经证实过满意感对信息系统用户行为持续意愿所产生的重要影响，但较少有研究深层次揭示用户满意感的形成机理。此外，大多数研究主要关注功利型要素对信息系统用户持续意愿的作用，而较少探讨享乐型要素可能产生的影响。研究结果显示，ECT-IS 模型、S-O-R 模型均能够很好地阐释学术博客持续意愿，且享乐型要素对学术博客用户满意感的形成以及持续意愿产生显著影响，如愉悦感、感知的价值、沉浸感；此外，感知的交互性也正向影响愉悦感、沉浸感和满意感的形成。

自 2008 年开始，甘春梅开始跟随我[1]进行硕博连读研究生的学习与研究。她勤勉努力，刻苦钻研，勇于探索与创新，进步很快，表现出了很强的独立开展科研工作和科研创新的能力。在校期间，她先后参加了本人主持的两项国家自然科学基金项目和一项国家社会科学基金项目的研究，发挥了骨干作用，表现出深厚的科研兴趣和优秀的潜质。2013 年，甘春梅以"学术博客用户行为"为题完成博士毕业论文，获得管理学博士学位，并于 2014 年被评为"湖北省优秀博士论文"。从 2013 年开始，甘春梅步入工作岗位，在硕博研究的基础上，继续在信息系统用户行为领域，尤其是在社交媒体情境下的用户行为领域继续探索，并一直遵循"从实践中来，到实践中去"的原则。她在入职中山大学的第一年就成功申请到一项国家自然科学基金青年科学基金项目。该项目主要关注社交媒体

---

① 王伟军，华中师范大学信息管理学院教授、博士生导师，青少年网络心理与行为教育部重点实验室副主任，本书作者的指导老师。

用户行为的转变；研究基础好，选题新颖，融合情报学、管理科学与工程学、社会学、心理学等多学科的理论与方法。围绕这一项目，她发表系列高水平学术论文，涉及图情领域的 SCI、SSCI、重点核心期刊等；进一步深化信息系统用户行为的理论研究。该书是在作者博士学位论文的基础上，结合自己近两年进一步研究的成果形成，是一部新颖、系统深入、值得一读的学术著作。

　　社交媒体用户行为是一个新的研究领域，还存在很多的问题亟待进一步研究。期待新一代的学人能在已有的研究基础和起点上，更上一层楼，能有更多、更深入的理论探索和研究成果，进一步推动我国信息系统用户行为理论与应用研究的不断提升。

2015 年 12 月 8 日

前　言

自 2004 年 3 月 "Web 2.0" 的概念被明确提出至今，其范畴内的许多思想和技术已经得到广泛传播和应用，其影响力渗透到各行各业。在这一大背景下，学术领域也不例外，并正在发生改变。科研机构、科研群体和科研人员积极应用各类学术 Web 2.0 工具与平台。其中，学术博客因其独特的优势而备受关注。学术博客融合信息交流和个人出版的双重功能，以操作便捷、互动性强、个性化凸显等优势，通过多种途径促进知识交流、共享、传播以及网络出版等。通过学术博客所提供的平台，用户能够发表任何主题的博文，共享资源；同时阅读他人的博文并作出评论；也能创建各种兴趣小组，参与话题的讨论等。已有研究显示，学术博客具有很大的潜力与价值，能够为科研人员提供有效的服务。实践中，国外科研人员尝试使用学术博客来报道研究成果，讨论研究问题或共享学术观点，进行在线合作，在线出版或提升学术地位等。但国内科研人员对学术博客的使用仍持犹豫的态度。与此同时，西方国家已将发展网络学术交流作为促进科技发展的重要战略；而我国也在不断地探索适合科研人员群体的网络交流形式，如学术博客。在这一情形下，学术博客用户行为研究不仅必要而且十分迫切。

Web 2.0 及其用户行为研究吸引着不同学科相关学者的关注，是一个新兴交叉的研究领域。2010～2013 年，笔者作为重要成员参加了导师王伟军教授主持的国家自然科学基金项目 "Web 2.0 环境下科学研究中的知识交流与共享机制研究"（编号：71073066），并于 2011 年成功申报华中师范大学优秀博士学位论文培育计划资助项目。与此同时，笔者于 2013 年成功申报国家自然科学基金青年科学基金项目 "基于使用与满足理论的社交媒体使用机理研究：从采纳到持续使用的行为转变"（编号：71403301）。笔者在国内较早关注并开始学术博客的相关研究。几年来，围绕学术博客及其用户行为等问题开展了较为系统的探索，产生系列研究成果。校级项目于 2013 年 6 月顺利结项；所完成的博士学位论文也有幸被评为 "湖北省优秀博士学位论文"。本书是在笔者博士学位论文的基础上作出进一步的完善而成。

本书重点关注学术博客采纳意愿、采纳行为和持续意愿三类学术博客用户行为。借鉴多学科的理论，分别从信任、心理诱因和满意感的视角构建学术博客采纳意愿模型、采纳行为模型以及持续意愿模型；进一步遵循规范的实证研究范式，利用结构方程模型来验证所提出的理论模型。研究工作的意义主要体现在：一方面，丰富和拓展在线环境下信任的相关研究，加深对在线环境下信任机制建立的理解；另一方面，补充与完善信息系统用户采纳行为影响因素的相关研究，加深对信息系统用户心理因素的作用机理的理解。此外，拓展有关 ECT-IS 模型和 S-O-R 模型在学术博客情境下的应用，同时丰富在线环境下满意感、愉悦感、沉浸感和交互性的相关研究，并加深对信息系统用户持续意愿的理解。

本书的撰写得到华中师范大学信息管理学院王伟军教授的指导。同时，在数据搜集阶段得到科学网博客诸多用户的配合与支持；此外参考大量的中外文文献。在此一并表示感谢！由于笔者在学术积累方面的有限以及时间的仓促，书中肯定存在不当之处或缺憾，希望广大读者批评指正。

甘春梅

2015 年 12 月 8 日

目　　录

第1章 绪 论

学术博客日益受到学界和业界的重视，有必要对用户行为进行分析。本章的主要写作思路如下：首先，从 Web 2.0 的兴起及其对学术领域的影响以及学术博客的发展两方面阐释研究背景。在此基础上，提出拟关注的 5 个研究问题。进一步，对国内外相关的研究文献进行回顾，并指出已有研究的不足以及本书的研究切入点。最后，阐述整体研究思路、主要的研究内容、拟采用的主要研究方法以及主要创新点。

1.1 研究背景

自 2004 年 3 月 "Web 2.0" 的概念被明确提出至今，其范畴内的许多思想和技术已经得到广泛传播和应用，成为新一代互联网发展、网络信息资源管理、知识管理等领域的研究热点（王伟军和甘春梅，2010）。Web 2.0 的影响力也渗透到各行各业中，如企业 2.0、政府 2.0、图书馆 2.0、教育 2.0 以及个人 2.0 等。Web 2.0 所具有的 "参与性、开放性、协同性、集成性、整合性、持续更新性" 等特性，为网络用户提供了创建、组织、发布、更新和共享信息的开放式的信息管理平台（王伟军和孙晶，2007）。用户积极地参与到各类 Web 2.0 平台中，如博客、维基、标签和社交网络，主动地交流与共享自身的经历与观点，并参与到社区各种话题的讨论中。中国互联网络信息中心（2015）于 2015 年 7 月发布的《第 36 次中国互联网络发展状况统计报告》显示，截至 2015 年 6 月底，我国博客/个人空间、即时通信以及微博的用户数量分别是 47 457 万户、60 626 万户和 20 432 万户，占比分别是 71.1%、90.8% 和 30.6%。可以说，互联网已经进入全民织网的时代。

从信息资源的观点来看，Web 2.0 是一个集各个领域、各个主体的各类信息资源于一体的、供网络用户利用并满足信息需求的数据资源网。Web 2.0 所包含的 "以用户为中心" 的理念、"互动、共享与协作" 为显著特点的思想体系和一系列相关技术的应用，为用户生成内容提供了一个全新的环境。Web 2.0 环境下，任何人都可以成为信息资源的主体，创造任何形式的信息资源，如文字、图片、音频、视频和聚合资源等。

在这一背景下，学术领域也遭遇了冲击，正在发生改变（Phillips，2010）。Boyer（1991）提出四种类型的学术：①发现，即在某一特定领域或学科，调查和创造新知识；②整合，即连接不同的学科并为个体发现提供更广泛的情境；③应用，即参与到学术之外的更广泛的世界中，但仍然基于学者的学科知识和背景；④教学，即为教师理解和学生学习之间构建桥梁付出努力。信息技术的发展，尤其是 Web 2.0 的出现，对这四种类型的学术产生了不同程度的影响。例如，20 世纪 90 年代末提出电子出版（e-publishing），随后是数字化科研（e-science）与开放存取（open access）的出现与发展，目前则涌现出各种虚拟科研环境（virtual research environment）以及个人科研空间（如学术博客）。

传统上，学术交流仅发生在高等院校、科研院所以及学术会议上，通过纸质期刊等方式进行出版和传播，交流也仅限于学者之间。而现在，学术交流也更多地出现在各种开放式的在线空间中；对学术感兴趣的普通大众也可以积极地参与进来，并作出贡献。这一空间打开了能与不同个体进行的更广泛的对话，因为研究成果现在也能由公众获取，而这些在过去只由少数人（如开展研究的研究人员和相关管理人员）掌握。就如中山大学程焕文教授于 2008 年所指出："网络把世界引入了一个五彩缤纷的草根时代。在这个时代，话语的权杖不再是权贵的声望，而是草根的力量。在这个时代，学术的探究不再是精英的冥思苦想，而是草根的民众会堂。"

考虑到科学的社会性与交流性，从国家到机构组织再到科研人员个体，都在积极尝试使用各种 Web 2.0 工具，将它们应用到自身的工作、学习与生活中。表 1.1 列举了流行的 Web 2.0 工具以及类似的学术 Web 2.0 工具。例如，美国国立卫生研究院（NIH）以 1220 万美元资助康奈尔大学图书馆的首席信息技术主管 Dean B. Krafft 博士，用于联合印第安纳大学等七所学校和机构开发建设大型科研社交网络——"科研脸谱网"（VIVO Web），旨在通过类似 Facebook（脸谱网）交流方式，把全美的生物医学研究人员联系起来，以方便科学家寻找同行，改进研究，形成合作。又如，我国图情学界的知名学者（如程焕文教授和范并思教授）、诸多的高校学生以及其他对图情领域感兴趣的人也积极推进新浪图情博客圈的发展。

表 1.1　流行的 Web 2.0 工具以及类似的学术 Web 2.0 工具

Web 2.0	一般应用	学术应用
社交网络	Facebook（http：//www. facebook. com/） Myspace（http：//www. myspace. com/）	VIVO Web（http：//vivoweb. org/） ResearchGate（http：//www. researchgate. net/） 科学网（http：//www. sciencenet. cn/）
社会标签	Delicious（http：//delicious. com/）	CiteULike（http：//www. citeulike. org/） Connotea（http：//www. connotea. org/）
博客	Wordpress. com（http：//wordpress. com/） Blogger（http：//www. blogger. com）	Research Blogging（http：//researchblogging. org/） 新浪图情博客圈（http：//q. blog. sina. com. cn/ library）
微博	Twitter（http：//twitter. com/） 新浪微博（http：//weibo. com/）	—
视频	YouTube（http：//www. youtube. com/） Vimeo（http：//vimeo. com/）	SciVee（http：//www. scivee. tv/）
维基	Wikipedia（http：//www. wikipedia. org/）	Scholarpedia（http：//www. scholarpedia. org/article/ Main_Page） Encyclopedia of Life（http：//eol. org/）

资料来源：Priem and Hemminger, 2010

　　通过使用各种学术 Web 2.0 工具，科研人员能够揭露研究设计、数据搜集工具、初始结果及其他信息的细节，而这些信息目前在传统期刊中无法获取（Powell et al.，2012）。这一结论在英国伦敦大学学院的研究团队 CIBER 于 2010年开展的一项有关社会化媒体与研究工作流的调查中得以证实。该调查结果显示，社会化媒体对研究工作流会产生影响；从发现研究机会到传播研究成果，研究人员在研究周期的每一个阶段都会使用社会化媒体工具；而由于协作和跨学科研究的增长，社会化媒体有助于满足研究人员之间即时的交流（CIBER，2010）。类似地，Elsevier 研究协作平台 2collab（www. 2collab. com）2008 年的一项调查显示，科学家正在使用博客、维基、社交网络和书摘应用，且主要用于学术目的；这些社会化媒体应用为科学家和研究者提供了额外的资源来帮助他们进行协作、连接、共享与发现信息（iStockAnalyst，2010）。同时，调查结果也发现，基于网络的社会化应用在塑造未来的研究中起着关键的作用；最大的影响将是研究数据的关键分析与评价，学术网络与合作，研究产出的传播，职业发展，以及实验经费申请与资助（iStockAnalyst，2010）。

在诸多的学术 Web 2.0 应用与工具中，学术博客备受科研机构、群体和研究人员关注。越来越多的科研机构、科研小组和科研人员个体开始使用学术博客。通过学术博客所提供的平台，他们能够发表任何主题的博文，共享资源；同时阅读他人的博文并作出评论；也能创建各种兴趣小组，参与话题的讨论等。已有不少研究提出，学术博客具有很大的潜力与价值，能够为学术界提供有效的服务。现实中，尽管许多科研人员正受益于博客，但总体来看，科研人员使用学术博客的数量仍然只占一小部分。CIBER（2010）的调查指出，研究社区中的成员对社会化媒体的了解程度很高，但实际使用这些工具的人很少。其主要原因可能在于：学术生产力的传统形式并不认可将学术博客作为一种学术产出（Lovink，2008）；以及科学的激励结构还没延伸到这一类型的交流（Nielsen，2009）。此外，博客的主观风格也促使科研人员对学术博客持谨慎态度。而研究的初步调查也显示，影响科研人员不使用学术博客的主要原因有：没听说过学术博客、没内容可写、博客站点不方便使用、不熟悉博客站点、担心知识产权问题、没时间写等。尽管如此，科研人员的实践方式正在发生改变，学界也已经逐渐认可将博客站点作为引文来源这一事实；此外，不少学者致力于为他们的学术博客发展专业声誉（Kirkup，2010）。基于此，对学术博客用户行为及其影响因素的探讨就显得很有必要。

1.2 问题的提出

在一个信息以数字方式快速传输的时代，学术博客的兴起与发展使得在线创建内容变得容易且快捷。学术博客融合了信息交流和个人出版的双重功能（Nardi et al.，2004），以操作便捷、互动性强、个性化凸显等优势，通过多种途径促进知识交流、共享、传播以及网络出版等。例如，2011 年英美国家年轻科学工作者征召合作者和志愿者在博客中发表科学设想并征求意见，令互联网成为科研新场所（Dietrich，2011）；2007 年由部分学者和众多的草根人士通过新浪图情博客圈共同完成的著作《图书馆2.0》，有力地证明了学术博客对知识交流与共享的促进作用。然而，有研究表明：Web 2.0 环境下用户参与的贡献率相对较低，形成典型的"90-9-1"现象，即90%的用户只参与但不贡献，9%的用户偶尔贡献，仅有1%的用户经常贡献（Nielsen，2010）。虽然学术博客能够为用户提供一个便捷的平台，但并非建立之后，用户就会积极地参与并贡献。而实践中，国外科研组织和科研人员正积极应用各类学术博客平台；而国内在这方面的实践则远远落后于国外，许多科研组织和科研人员对使用学术博客仍然持犹豫态度。

正因为早期科学家认识到开放的价值，所以建立了现代科学交流体系。那么，在学术博客环境下学术交流和在线合作更为便捷的今天，什么因素影响着用户对学术博客的不同行为（如采纳、持续使用）呢？要回答这一问题，关键就是要深入揭示学术博客环境下用户行为的影响因素及其作用机理。为了解决这一问题，借鉴已有的理论，基于不同的研究视角，构建模型来深层次阐释学术博客环境下用户的不同行为。

已有研究显示，信息系统用户行为包括采纳前、采纳、采纳后三个不同阶段的行为。针对不同的用户行为，存在不同的影响因素。对于采纳意愿，不少学者认为信任是影响信息系统用户采纳意愿的重要因素。对于采纳行为，不少学者提出乐于助人、声誉等是促进用户采纳信息系统的重要因素。对于持续意愿，不少学者认为 ECT-IS 模型、信任、满意感、交互性等是影响在线环境下信息系统用户行为的重要因素。那么，哪些因素影响学术博客这一特殊情境的不同用户行为呢？结合学术博客的特性，提出以下三个研究问题。

1）什么因素影响学术博客用户的采纳意愿

用户不仅通过学术博客与他人共享自身的知识，也往往从他人的博客中获取知识。那么，用户为何愿意通过学术博客来获取相关的信息或知识、共享研究过程与观点？研究和实践都表明，信任的存在影响用户知识获取与共享行为的意愿。这是因为，学术博客并不仅仅是一个 IT 构件，它需要用户投入时间和精力去维持、参与以及交互。在这一交互关系中，尤其是当用户感知到潜在的风险或不确定性时，如对知识产权问题的担忧，信任就显得很重要。已有研究大多关注信任对在线环境下用户行为的影响，较少关注不同类型的信任所产生的不同作用。此外，较少有学者探讨信任的建立机制。因此，引出第一个研究问题：学术博客环境下，影响信任建立的前因是什么？不同类型的信任对用户采纳意愿（获取意愿和共享意愿）产生什么样的影响？

2）什么因素影响学术博客用户的采纳行为

用户的采纳行为（知识交流与共享行为）能促使学术博客的有效运转。哪些因素影响着用户对学术博客的采纳成为服务提供商关注的重要议题。对学术博客用户而言，知识成为用户独特的价值，是用户获得核心竞争力、声誉和职位提升的重要保障。这使得影响用户贡献知识的因素更多地涉及内在的心理层面，而非外在的物质层面。已有研究大多关注一般博客社区环境下影响用户知识交流与共享的因素，主要探讨技术、个体与组织层面的因素；较少关注用户心理层面的影响因素。此外，学术博客环境下的知识交流与共享行为也有其自身的特殊性。

基于此，提出第二个研究问题：影响学术博客采纳（知识交流与共享）行为的心理诱因是什么？

3）什么因素影响学术博客用户的持续意愿

为了保障学术博客的持续发展，吸引用户的采纳仅仅是第一步，更重要的是促进用户的持续使用。已有研究借鉴信息系统领域的不同理论去阐释信息系统用户的持续行为，如期望–确认（ECT-IS）模型、刺激–有机体–反应（S-O-R）模型、交互性模型等。这些模型已在不同的研究情境下得到了验证，但这些模型是否适用于学术博客这一特殊情境，目前还没有相关的研究。在诸多的影响信息系统用户持续意愿的因素中，用户满意感是一个关键要素。那么，哪些因素影响用户满意感的形成，用户满意感又如何影响学术博客用户的持续意愿？这构成研究的第三个问题。具体来说，这一问题将细分为以下三个子问题：①ECT-IS 模型是否适用于学术博客情境？而享乐型要素，如愉悦感、感知的价值又如何影响用户满意感和持续意愿？②S-O-R 模型是否适用于学术博客情境？具体地，刺激性要素（美感和感知的交互性）如何影响有机体要素（愉悦感和沉浸感），进而如何对反应性要素（满意感和持续意愿）产生影响？③不同维度的交互性要素如何对沉浸感和满意感产生作用，进而对持续意愿产生影响？

1.3 国内外研究现状

1.3.1 文献检索

考虑到目前国内外有关学术博客的研究还不多，如果将学术博客与用户行为等术语直接进行组合检索，检索出的文献将很少。因此，首先对学术博客相关的研究现状进行梳理。

1）国内研究论文统计

选取中国期刊全文数据库（CNKI）中 CSSCI 期刊论文为数据源，以学术博客、科学博客等为关键词在主题中进行搜索，剔除与"学术博客"这一主题研究不相关的记录（如新闻报道、消息公告等），共获得 51 条数据（截止时间为2015 年 10 月 24 日）。按年代统计，结果如图 1.1 所示。

从论文的年代变化曲线来看，虽然总体上研究论文的数量在逐年在增长，但

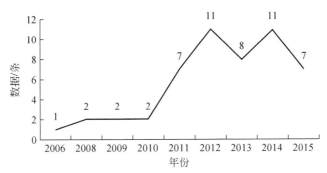

图 1.1 国内学术博客研究论文的年度分布

注：2015 年为不完全统计结果

国内对学术博客的关注度一直不高，这说明国内对学术博客的研究还处于初级阶段。国内学者对学术博客的研究始于 2006 年。江亮（2006）撰写的《学术博客的"无形学院"交流模式探析》主要探讨网络环境下具有无形学院特征的学术博客的交流方式，如用户能够收到来自世界各地用户的反馈信息，实现跨地区、跨国际的交流，按时间顺序归档交流以便与他人共享，存在负面效应等。而 2011～2014 年有关学术博客的研究论文数量相比增长较快。从学科领域来看，主要涉及传播学、管理学、图书情报学、计算机科学等领域，这说明对学术博客的研究是个跨学科的研究范畴。从研究深度与主题来看，国内研究主题较为宽泛，研究仍处于一个较浅层次，更多的属于定性研究（论述性质），涉及的主题主要有知识转移、知识共享、社会网络、交流模式、影响因素、评价和应用研究等。

此外，国内有学者成功申请了与学术博客相关的科研项目，如王伟军教授主持的国家自然科学基金项目"Web 2.0 环境下科学研究中的知识交流与共享机制研究"（2010 年），夏立新教授和袁勤俭教授分别主持的教育部博士点基金项目"学术博客的知识组织与整合模式研究"（2010 年）和"基于学术博客的科技论文网络交流模式研究"（2010 年），以及张敏博士和包冬梅博士分别主持的国家社会科学基金青年项目"网络学术社区的信息聚合与共享模式研究"（2011 年）和"开放数字环境下个人科研信息空间研究"（2011 年）。

2）国外研究论文统计

选取 ISI Web of Science 为来源数据库，以 academic blog *、science blog * 为关键词在主题中进行搜索，剔除与"学术博客"这一主题研究不相关的记录

（如新闻报道、消息公告等），共获得 361 篇论文（截止时间为 2015 年 10 月 24 日）。按年代统计，结果如图 1.2 所示。

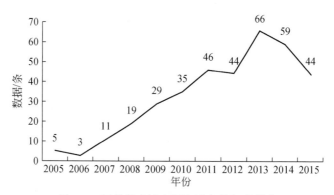

图 1.2　国外学术博客研究论文的年度分布

注：2015 年为不完全统计结果

从论文的年代变化曲线来看，总体上国外研究论文的数量逐年在增长，且国外研究对学术博客的关注度与产出要远远超出国内研究，这说明国外对学术博客研究的高度重视。国外学者对学术博客的研究始于 2005 年。而 2009～2014 年有关学术博客的研究论文数量增长较快。不同学科领域的学者对学术博客这一主题均有关注，如图书情报学、信息系统、管理学、教育学等。从研究深度与主题来看，国外研究相比更为具体，更多的属于定量研究（数据搜集与分析），涉及的主题主要包括学术博客的功能与价值、传播特点、语言特征、影响使用学术博客的因素、链接分析以及应用研究等。

1.3.2　学术博客相关研究

通过对现有文献的归纳总结，可将已有的学术博客的相关研究归纳为以下几个主题。

1）学术博客对传统学术交流的冲击

相比传统的学术交流（如会议、纸质期刊、面对面交流等），学术博客的兴起与发展对其产生一定的影响，如交流渠道、交流模式、交流理念等的改变。Bukvova（2011）提出，与传统的出版方式不同，作为在线内容生产的学术博客，其不受限于严格的准则和程序，也能避免同行评审，且不受传统出版严格定义的出版类型的限制；利用学术博客，学者可以自由发表任何内容，并接受来自其他读者的评价；更重要的是，学者能够与任何对其发表的内容感兴趣的读者群进行开放式交流。Lindgren（2006）认为，学术博客发挥了与传统法律期刊一样的功能，能够产生并传播有关法律相关的知识；此外，学术博客成为个人研究工作早期阶段中提炼想法与获得反馈的一种良好方式。Benton（2006）探讨其自身写作博客的经验以及博客如何从最初与学生的小范围交流扩大到更多感兴趣的读者的公共博客。江亮（2006）认为，学术博客是"无形学院"在互联网上的延伸；它打破了空间限制，实现了跨地区、跨国界的异地交流；它支持对各种评论与观点等的归档保存；通过学术博客，博主能获取他人及时的信息反馈，也能随时对所讨论的内容进行修正；但学术博客也因缺乏严谨性而不可避免地造成虚假知识的散布和知识的冗余。林忠（2008）则提出，作为一种基于网络的交流模式，学术博客成为传统学术交流模式的重要补充，两者共同发展成为学术交流的重要渠道；学术博客的特性体现在：开放式的、点到点的互动交流方式，主动与共享的理念，较短的交流周期，以及较广泛的交流范围等。

2）学术博客对知识交流与共享的影响

已有不少学者提出学术博客能够促进科研人员之间、科研人员与大众之间的跨学科、跨边界的知识交流与共享。Park（2011）认为博客能够促进研究、合作与知识的共享。Wakeford 和 Cohen（2008）阐述了学术博客如何成功地应用于在线社会研究中，不仅涉及研究者与参与者的信息共享，也涉及跨学科小组间的信息共享；同时作者也揭示了使用这一工具可能引起的问题。通过分析学术博客使用的典型案例，Powell 等（2012）提出博客有助于研究方法和结果以一种开放、透明的方式得到快速共享；在适当的引用下，博客和其他新媒体能够在公共环境下对学术研究进行定位，并对新出现的话题提供快速、可靠的信息。Luzón（2007）则认为学术博客可作为研究小组在线合作的有效工具。通过对博主的访谈，Kirkup（2010）指出博客成为一种有威望的、便于获取学术产物的新途径，它正在改变 21 世纪学术实践者的方式。通过分析学术博客语言与传统学术文献中的正式语言特征，Stuart（2006）提出，学术博客提供了更快捷的学术讨论方式，为不同科研人员之间的交流提供了平台和机会；学术博客的个性化及其能为科研人员提供补充性观点的特性使学术博客能够不断促进学术的发展。Bukvova（2011）描述了科研人员使用的在线空间功能的六种模式：呈现、访问卡、知识基础、个人期刊、笔记和咖啡屋。进一步，Bukvova（2011）指出，科研人员通常选择多种模式，创建多重的个人空间，并通过超链接与他人连接以创建网络；

通过这种方式，他们获得广泛的联络者，包括同事、相关学科中的同行、不相关学科的同行等。

采用链接分析法和社会网络分析法，邱均平和王菲菲（2011）探讨科学网博客社区基于好友链接关系的知识交流情况。张玥和朱庆华（2009）从交流网络视角分析了学术博客交流群落，以图情领域的博客为例，利用社会网络分析方法勾画出学者之间交流网络的结构，以便更好地促进科研人员之间科研信息的沟通与学术交流。覃晓燕（2010）则指出，科学博客为科学传播创造了一种全新的、互动式的传播文化和传播氛围，使得科学知识/信息传递呈现快捷、高效的特点，也使得科学知识资源得到了最大限度的扩散；这促进了科学家与同行及公众的交流与沟通，拉近了科学界与公众的距离。

此外，也有学者探讨了学术博客交流过程中的知识转移问题。Zhao（2008）分析了学术博客中知识转移的实现，并提出学术博客中知识转移的可能性更大。胡昌平等（2008）则提出，学术博客中博主与知识接收者需要在双向沟通的基础上实现有效的知识转移过程；并建议相关部门加强对学术博客内容的规范。

3）学术博客的链接

不少学者分析学术博客中链接的类型、功能与动机。Ciszek 和 Fu（2005）认为博客中的链接成为一种社会网络机制，即博客成为发展在线社区的工具，而链接在这一社区构建过程中起着重要作用。通过分析不同学科中的 15 个学术博客，Luzón（2009）指出，链接是学术博客的基本要素，成为对话、信息传播和知识构建的工具，并有助于促进学者融入在线社区中。此外，Luzón（2009）也归纳总结了已有研究中对博客链接动机的分类，包括向同行表示敬意、交换相关的工作、确定方法、提供背景阅读、修改或批评、责备别人的工作、证实主张、鉴别数据、提醒读者即将展开的工作、确认某术语或概念原始出版物以及提高引用工作的权威性等。笔者前期通过调研 35 个不同学科的学术博客，分析链接所指向的页面性质和被链接文本的特性，将学术博客中的链接类型进行细化；在此基础上，探讨各链接在学术博客中所发挥的作用。结果显示，学术博客存在丰富的、不同类型的链接，且引用链接所占比重最大；这些链接主要发挥学术性功能和社交性功能，所起的作用主要有提供相关信息，进行内容组织与管理，建立学术身份与提高可信度，形成社区与保持联系，以及促进知识交流与共享等（王伟军和甘春梅，2013）。

Ali-Hasan 和 Adamic（2007）提出博客中用于表达不同关系的三种链接：好友链接、引用链接和评论链接；进一步，通过比较分析好友链接和评论链接所形成的社会网络结构，发现不同链接呈现出不同的特征；并指出许多在线关系是通过博客而形成的，并非源于离线关系。通过对日本博客站点 Doblog 中 50 000 位博主的分析，Furukawa 等（2007）发现社交关系与读者关系的交互作用，即博主定期阅读他人的博客（定期阅读关系）；进一步利用四种类型的社会网络（即引用、评论、好友和引用通告）的特征对这一关系进行预测。而 Priem 和 Hemminger（2010）发现，博主之间的链接文化与学界的引用文化很相似，科研学者倾向于证实其来源。

孙建军和屈良（2012）提出博客的三级分类体系，其中实质性链接包括推荐链接、引用链接、关系链接和评价链接；非实质性链接涉及结构链接、功能链接、通信链接、广告链接和无效链接。史新艳和肖仙桃（2009）指出，学术博客具有双面性、动态交互性和由一对多到多对多的传播性，因而形成不同的链接行为动机并导致不同的链接类别，进而产生不同位置的链接。例如，出现在文章内容中的链接，其动机主要是相关、引用与扩展链接；而出现在博客列表中的链接，则更多的是推荐链接。通过分析 livejournal.com 博客站点中 130 万位博主的个人资料，Kumar 等（2004）指出博客空间涉及三个层次，最底层为个体博客，中间层为博主间的友谊网络，最上层为博客社区的演化。

此外，网络学术环境下链接的类型与动机也受到学者的关注。Bar-Ilan（2005）提出网络学术环境下多维的链接分类体系，该体系涉及不同角度，即源页面和目标页面及其链接区域和关系。通过分析学术站点间的链接，Thelwall（2012）发现四种不同的链接：所有权链接、社交链接、一般的导航链接以及无意义的链接。Kim（2000）在分析电子学术期刊链接的基础上，发现链接的 19 种不同动机，并将其归纳总结为三大类：学术性动机、社交性动机和技术性动机。通过分析大学主页间的 414 个链接，Wilkinson 等（2003）提出一个链接的分类体系，涉及 10 种链接动机；同时发现，超过 90% 的链接归因于广泛意义上的学术动机，但仅有两个链接与传统的期刊引文相同。

4）学术博客的应用

学术博客的特性为教育等领域提供了信息传播和知识交流的新途径，已有不少学者围绕这一主题开展过研究。Mellow 和 Woolis（2010）指出，在接下来的十年里，技术将对高等教育产生最大的影响。Putnam（2011）探讨科学博客如何对在线学习过程作出贡献，以及阅读和撰写一个科学博客的利弊。Churchill（2009）认为，通过博客，教师能够创建一种良好的氛围，使学生感觉到作为课堂的重要组成部分以及其需求和意见能够得到认可与解决；同时也提出，可整合其他 Web 2.0 应用来对博客进行扩展，如 RSS 技术、用户标签、数字化存储等。Joshi 和 Chugh（2008）认为，博客能够用作教学工具，通过补充其他教学方法和技术来鼓励学生的参与、个人的反映、交流以及批判性思维和写作技能的发展。通过对比实验，George 和 Dellasega（2011）则发现，通过在课堂活动中整合社交媒体工具能促使更多的学生参与到学习过程中；特别地，微博和博客能够保持和扩展学习对话，促使指导者和学生之间的实时对话，并使得家庭作业的完成变成一种动态的体验。

　　5）学术博客的其他研究

　　学术博客的其他相关的研究不多，涉及的主题包括类型、影响因素、标注、在线交互、隐私等。例如，Walker（2006）提出三种类型的学术博客：公共知识博客，纯研究博客，记录学术生活的匿名博客。本研究团队针对学术博客中用户的知识交流与共享行为，从用户心理层次出发，探讨影响科研人员进行知识贡献的积极因素和消极因素（甘春梅等，2012；王伟军等，2012）。通过对比试验，吴丹等（2011）剖析了学术博客标注的作用与中英文学术博客标注的差异；结果显示，社会标签与受控的主题词的重合率不高；进一步，作者提出对学术博客标注进行规范控制的一些建议。2007 年，Zhang 等（2006）组织过一个主题为"虚拟社区与社交网络：博客和在线社区对社会化参与的影响"的研讨会，关注如何影响科学家的社会行为以及对科学中传统引文分析的影响等问题，聚焦于博客在线交互的社会化层面。通过对 1000 多个不同类型的博主开展的一项有关博客影响的调研，McCullagh（2009）发现在工作场合还没有建立清晰的隐私界限。

1.3.3　博客用户行为相关研究

　　考虑到学术博客仍然属于博客这一大范畴，且已有的研究有时没有特别地对两者予以区分，因而有关博客用户行为的研究结论对本书的相关研究也将具有一定的借鉴意义和参考价值。

　　不少学者关注博客采纳意愿（如信息共享意愿、创造意愿）的影响因素，探讨自我效能、结果期望等因素对博客采纳意愿的影响。Liao 等（2011）发现，高奖励的博主拥有最高层次的博客创造意愿，而有着较高意愿的博主又乐于花更多的时间去维护他们的博客并发表更多的博文；感情的倾诉以及与朋友、熟人的常规联系是两个最重要的奖励；此外，内在奖励比外在奖励更重要。Lu 和 Hsiao（2007）提出，自我效能、个人结果期望对博客信息共享的意愿有直接影响，但个人结果期望的影响更大；社会说服通过自我效能和个人结果期望间接影响信息共享意愿。Quadir 和 Chen（2015）探讨了用户阅读和写作习惯对用户采纳博客的影响；针对 210 名用户的调查结果显示，用户阅读和写作习惯显著影响博客采纳行为；此外，拥有深度阅读习惯的用户在早期阶段更愿意采纳博客。

不少学者提出交互性、信任、自我效能、乐趣等对博客采纳行为（如用户生成行为、知识交流行为、信息共享行为）的影响。Chai 和 Kim（2010）针对 485 个博主的调研结果显示，对博主的信任、经济基础信任和对博客信息服务提供商的信任这三个因素对学术博客用户的知识交流与共享行为具有正向影响，对网络的信任这一因素则不产生影响。Lu 等（2010）探讨了三种类型的交互（人–系统交互、人–信息交互、人–人交互）对博客用户的流动经验、满意感及分享行为的影响；通过调研 586 个博客用户，结果显示，三种类型的交互正向影响沉浸感和满意感的形成，并影响信息共享行为。赵宇翔和朱庆华（2010）的实证研究表明，感知易用性对用户生成行为有积极影响，感知有用性对于用户生成行为的影响并不显著；社会身份认知和社会交互联结都与用户生成行为有强显著关系，同时社会身份认知和社会交互联结也显著正向作用于用户的兴趣和乐趣；自我效能、外部奖励、兴趣和乐趣以及利他主义对用户生成行为都有积极影响。Chen 等（2015）针对来自台湾地区两所大学的 34 名大学生英语水平的调查显示，交流式写作的产出绩效受任务类型和持续时间的影响。Tang 和 Lam（2014）通过案例分析发现，积极的用户参与和高质量的交互能够使基于博客的学习过程更有意义且更持久。

不少研究关注影响用户持续使用博客的意愿或行为。有学者借鉴 TAM（技术接受模型）或 TRA（推理行动理论）等，探讨技术相关的影响因素。基于 TRA，Hsu 和 Lin（2008）探讨技术接受、知识共享与社会影响三方面的因素对博客使用的态度与意愿的影响；实证研究表明，博客的易用性与享受性、利他主义与声誉对博客使用的态度有正向影响，社会认同（归属感）对持续使用博客有显著作用。也有学者探索满意感这一关键要素对博客用户持续意愿的影响。在 ECT（期望–确认）模型的基础上，Shiau 和 Luo（2010）引入感知的愉悦感和用户涉入这两个因素；通过在线问卷搜集 430 份问卷，利用结构方程模型进行分析；结果显示，用户涉入、满意感和感知的愉悦感能够影响用户持续使用博客的意愿，对博客使用的用户满意感则由感知的愉悦感、用户对期望的确认以及用户涉入所决定，而用户涉入和用户对期望的确认也受感知的愉悦感的影响。Tang 和 Chiang（2010）则将体验价值这一关键变量整合到 ECT 模型去探讨用户对博客站点的持续使用行为；实证研究结果显示，体验价值能够影响用户对博客使用的满意感，用户对期望的确认则显著影响用户的体验价值和感知有用性，感知有用性显著影响用户的满意感，并对用户持续使用博客的意愿产生影响，而用户满意感也显著影响用户持续使用博客的意愿。同样，在期望–确认模型的基础上，Tang 等（2014）则引入了体验式学习、感知的自我效能以及感知有用性来构建博客持续学习行为意愿的影响因素模型；针对 318 名用户的实证研究证实了上述模型的有效性。Miura（2007）认为，信息获取的需求与满意感对博主持续发表博文具有强烈的影响，信息的互惠很重要，即发表博文的心理需求影响心理收益，进而影响心理满意感，最终产生持续发表博文的意愿；而用户反馈又将影响发表博文的心理收益和心理满意感。也有学者尝试从用户价值感知的视角进行挖掘。从用户价值感知的角度出发，Pi 等（2010）探讨了影响用户持续使用博客服务意愿的因素。对 187 位博主的调查结果显示，对价值的积极感知正向影响用户持续使用博客的意愿，易用性正向影响用户对价值的感知，交互、个性化、服务兼容以及认知努力都正向影响用户对价值的感知。基于博客读者相互间的交互性和感知的相似性，Keng 和 Ting（2009）将客户体验价值这一构想引入模型中。通过对 349 位经常浏览博客的用户的调查，他们发现，人际交互能够提高美感和好玩性体验，机器性交互对美感、优质的服务和使用者投资回报产生积极的影响，而感知的相似性正向影响客户体验价值的四个维度；用户阅读博客的态度与其美感体验、好玩性体验和优质的服务体验这三个维度正相关。

此外，也有学者揭示了性别差异对博客用户行为的不同影响。Lu 和 Hsiao（2009）认为，女性用户的意愿更容易受到自我表达的影响，而男性用户的意愿则更容易受到个人结果期望的影响。Guadagno 等（2008）提出，拥有高经验开放性和高神经质的人更有可能成为博客撰写者；而性别对神经质与使用博客的关系起调节作用，即高神经质的女性更容易写博客，而男性没有区别。Lu 等（2010）认为，性别的不同对交互与沉浸感、满意感之间的关系起调节作用；同时，性别的不同也对信息共享行为产生影响。

1.3.4 述评

学者针对一般性的博客用户行为已经开展了不少研究，借鉴的理论主要有社会认同理论、社会认知理论、技术接受模型、推理行动理论等，揭示了自我效能、感知有用性、期望确认等不同因素对博客用户行为的影响，但已有研究还存在以下不足：

（1）已有研究证实了信任对学术博客采纳意愿（获取意愿和共享意愿）的

重要作用，但较少关注信任的类型及其对用户采纳意愿所产生的不同影响，以及如何建立这些不同类型的信任。因此，有必要深入探讨学术博客环境下信任建立的影响因素（前因）及其对用户采纳意愿的影响（后果）。

（2）不少研究从技术、个体与组织等层面揭示了促进用户对博客的采纳（如知识交流与共享行为）的影响因素，而鲜有研究关注阻碍用户采纳博客的影响因素。特别地，考虑到学术博客知识交流与共享行为的特殊性，心理层面的因素将对用户知识行为产生更大的影响与作用。因此，从心理层面来看，哪些因素促进学术博客用户的采纳行为，哪些因素阻碍用户的这一行为等问题值得进一步分析。

（3）已有研究揭示了满意感对博客用户持续意愿的重要作用，但较少有学者关注用户满意感的形成。此外，已有研究主要探讨功利型要素，如感知有用性、期望确认等对博客用户持续意愿的影响，而较少关注享乐型要素，如沉浸感、愉悦感等对学术博客用户持续意愿的可能影响。因此，有必要进一步揭示哪些因素促进学术博客用户满意感的形成，以及哪些享乐型要素对学术博客持续意愿产生影响。

1.4　研究内容与方法

1.4.1　研究思路

针对学术博客环境下不同的用户行为，根据国内学术博客的发展及实践中存在的问题提出 5 个研究问题，深入揭示影响学术博客用户行为的因素及其作用机理，从而为设计开放、有序、高效的机制提供支撑。特别地，关注信任、心理诱因和满意感对学术博客用户行为的影响及作用机理。研究的基本思路是"从实践中发现现实问题—从文献中寻找理论依据，提出研究问题—利用科学的、规范的研究方法解决问题"。

图 1.3 描述了整体的研究思路。

对上述 5 个研究问题的探讨都遵循实证研究的基本范式：采用问卷调查的实证研究方法和结构方程模型的数据分析方法。具体来说，研究的技术路线图是：围绕研究问题从文献中寻找理论依据和支撑，借鉴相关的理论基础构建研究模型，产生研究假设；进一步通过网上调查问卷方式在线搜集数据，并使用结构方程模型对所提出的理论模型进行验证，最后对结果进行分析和阐释，形成研究结论（赵玲，2011）。

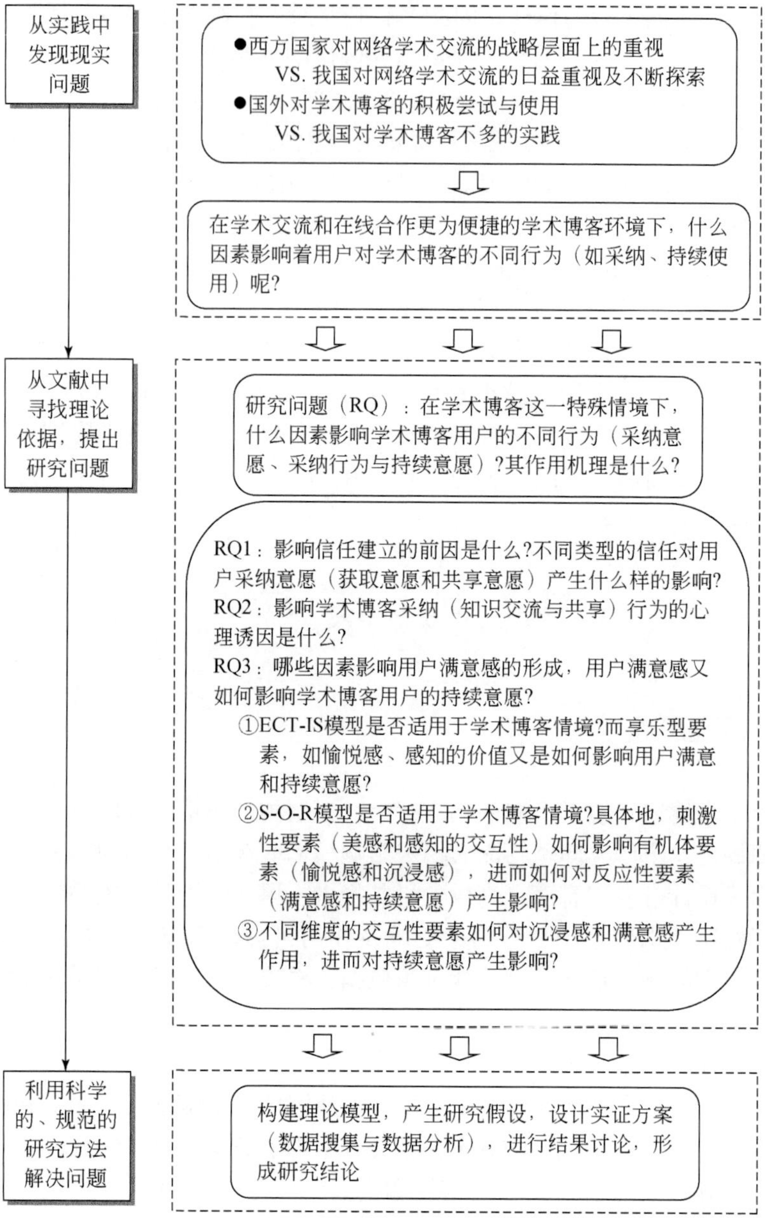

从实践中发现现实问题

- ● 西方国家对网络学术交流的战略层面上的重视
  VS. 我国对网络学术交流的日益重视及不断探索
- ● 国外对学术博客的积极尝试与使用
  VS. 我国对学术博客不多的实践

在学术交流和在线合作更为便捷的学术博客环境下，什么因素影响着用户对学术博客的不同行为（如采纳、持续使用）呢？

从文献中寻找理论依据，提出研究问题

研究问题（RQ）：在学术博客这一特殊情境下，什么因素影响学术博客用户的不同行为（采纳意愿、采纳行为与持续意愿）？其作用机理是什么？

RQ1：影响信任建立的前因是什么?不同类型的信任对用户采纳意愿（获取意愿和共享意愿）产生什么样的影响？

RQ2：影响学术博客采纳（知识交流与共享）行为的心理诱因是什么？

RQ3：哪些因素影响用户满意感的形成，用户满意感又如何影响学术博客用户的持续意愿？

① ECT-IS模型是否适用于学术博客情境?而享乐型要素，如愉悦感、感知的价值又是如何影响用户满意和持续意愿？

② S-O-R模型是否适用于学术博客情境?具体地，刺激性要素（美感和感知的交互性）如何影响有机体要素（愉悦感和沉浸感），进而如何对反应性要素（满意感和持续意愿）产生影响？

③ 不同维度的交互性要素如何对沉浸感和满意感产生作用，进而对持续意愿产生影响？

利用科学的、规范的研究方法解决问题

构建理论模型，产生研究假设，设计实证方案（数据搜集与数据分析），进行结果讨论，形成研究结论

图 1.3　整体研究思路图

研究的技术路线如图1.4所示。

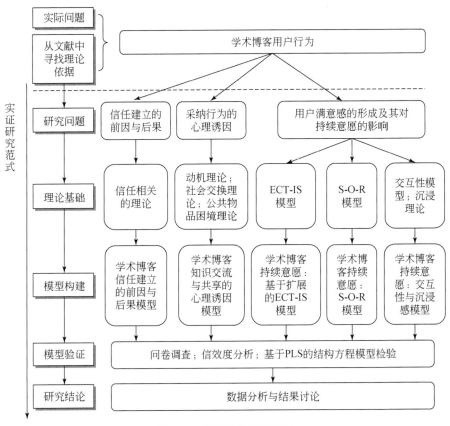

图 1.4 研究的技术路线图

1.4.2 研究内容

基于上述研究思路和技术路线图，全书共分为8章。每一章的主要研究内容概述如下。

第 1 章 绪论。首先，从 Web 2.0 的兴起及其对学术领域的影响以及学术博客的发展两方面提出研究背景。在此基础上，提出拟解决的 5 个研究问题。进一步，对国内外相关的研究文献进行回顾。最后，介绍整体研究思路、主要研究内容、涉及的研究方法以及主要创新点。

第 2 章 理论基础。首先，在分析学术博客相关的上位概念和平行概念的基础上，界定研究中学术博客的定义，并阐述学术博客的类型与功能。在此基础上，结合研究的研究目标与研究问题，重点阐释研究所借鉴的理论，包括动机理论、社会交换理论、信任相关的理论、期望–确认理论、S-O-R模型、交互性模型和沉浸理论；分别针对上述理论的核心概念、主要观点及其在解释学术博客用户行为方面的适用性逐一进行阐释。

第3章 理论模型与研究假设。根据实际的研究情境，整合已有的相关理论，构建理论模型并提出相应的假设。首先，提出研究的整体研究框架。其次，基于已有理论分别构建不同的理论模型，即基于信任相关的理论构建学术博客采纳意愿的理论模型，基于动机理论、社会交换理论和公共物品困境理论构建学术博客采纳行为的理论模型，基于期望–确认理论、S-O-R模型、交互性模型和沉浸理论分别构建学术博客持续意愿的三个理论模型。再次，对各理论模型中涉及的变量进行界定。最后，基于各理论模型分别提出相应的假设。

第4章 研究设计。首先，提出量表设计，即阐释如何测量各理论模型所涉及的不同变量。其次，进行数据搜集，重点分析拟研究的对象、数据搜集过程及有效样本的人口统计学特征。

第5章 数据分析。首先，提出研究数据分析工作的整体思路，包括数据预处理、测量模型和结构模型的检验。在此基础上，针对学术博客采纳意愿、采纳行为和持续意愿的有效样本分别进行翔实的分析。

第6章 结果讨论。针对数据分析结果，结合国内外相关的研究结论，针对本研究所提出的理论模型及其假设的成立逐一进行阐述。

第7章 研究意义。重点论述研究结果所具有的理论意义和实践意义。

第8章 研究总结与展望。总结归纳研究的主要内容与结论，并阐述研究工作存在的研究局限以及后续的研究工作。

1.4.3 研究方法

围绕上述研究内容，主要采用以下三种研究方法。

1）文献调研法

目前，有关信息系统用户行为的研究文献很多，但有关学术博客的研究文献不多，而直接研究学术博客环境下用户行为的研究就更少了。许多文献只是从定性的角度去阐述这一现象。利用互联网和图书馆数据库搜集国内外学术博客以及信息系统用户行为这两个主题相关的文献资料、研究项目以及站点资源等，反复研读，从已有文献中深入了解国内外研究进展、已有研究的不足以及所使用的研究方法，进一步明确研究的范畴，勾画研究的框架，为研究工作打下良好的理论基础。

此外，研究涉及的 5 个研究问题都需要从已有文献中查阅相关理论基础，以便为实证研究提供必要的理论框架，也能避免实证研究的重复研究。

2）问卷调查法

问卷调查分为两个部分：一部分是预调查，另一部分是大规模的正式调查。

在问卷形成之初，需要对问卷的信度和效度进行检验（分析软件为 SPSS 20.0），此时采用预调查方式。预调查主要是小范围的调查，通常会咨询两三位相关领域的专家并请一定数量的用户来回答问卷。其目的在于发现问卷中存在的问题，如问卷内容是否清晰易懂，格式是否正确，题项顺序是否合理，所需要的作答时间是否合理等；根据专家意见和用户的反馈，对问卷进行进一步的修改与完善。所使用的 3 份调查问卷分别咨询过信息系统领域、图书情报学领域和用户行为领域的 3 位专家，并召集 15 ~ 20 名有过学术博客使用经历或正在使用学术博客的研究生进行小样本的预调查。

通过预调查对问卷进行修正后，就需要开始进行大规模的正式调查。这是数据的主要来源，通常问卷发放的路径有邮寄问卷、现场发放以及网络调查问卷。研究通过国内知名的网络问卷平台"问卷星"发放问卷，数据搜集对象是国内知名的学术博客社区"科学网博客"（http://blog.sciencenet.cn/blog.php），针对学术博客采纳意愿、学术博客采纳行为、学术博客持续意愿，最终获得的有效样本数分别是 235 份、229 份和 304 份。

问卷题项一般来源于自编问卷或已有的成熟问卷。在借鉴利用已有的成熟问卷的基础上，结合研究的实际情境学术博客的特性进行相应的改编，形成所需的调查问卷。

3）数据分析方法：基于 PLS 的结构方程模型

数据搜集工作完成之后，需要对数据进行分析。常用的分析涉及：信度、效度检验，描述性统计分析，多元回归分析，方差分析和结构方程模型分析等，而结构方程模型（SEM）又包括基于协方差的结构方程模型（分析软件有 LISREL、AMOS 等）和基于成分的结构方程模型（分析软件有 smartPLS、PLS-Graph）。

采用基于成分的结构方程模型来对数据进行分析（Hair and Ringle，2011），所使用的分析软件为 smartPLS。基于此，所做的数据分析工作包括：描述性统计分析、数据预处理（因子分析和共同方法偏差检验）、测量模型评估（信度和效度检验）和结构模型估计。其中：

描述性统计分析是进行常规性的统计分析，描述各变量的平均值、标准差、值范围等。

数据预处理是通过因子分析检验各测度项的有效性，从而保证样本数据的有效性和合理性；此外，由于数据来源于用户的自我报告，因此也需要进行共同方法偏差检验，以保证对结果的解释没有影响。

测量模型评估主要是进行信度和效度检验。信度是对量表测量一致性程度的估计，效度是测量工具对其所要测量的特性测量程度的估计；常用的测量指标有 Cronbach's α 系数、潜在变量的组合信度（CR）、潜在变量的平均方差萃取（AVE）、Fornell-Larcker 标准、个别项目的信度（indicator reliability）和交叉载荷（cross-loadings）。

结构模型估计则是对假设的检验。常用指标是 R^2、路径系数及其显著性水平值。

1.5　主要创新点

研究的创新点主要包括以下三个方面：

（1）从信任建立的视角探讨学术博客环境下信任的类型以及影响信任建立的因素，构建信任建立的前因与后果模型，即学术博客采纳意愿的理论模型。这一研究突破当前对学术博客环境下信任研究的泛泛分析，引入更为细致的研究变量，从而深入地揭示学术博客环境下信任产生的内在机理，剖析学术博客环境下不同类型的信任导致的不同的知识行为，深化在线环境下信任的研究。

（2）尝试将经济学中的公共物品困境理论引入学术博客采纳行为研究中，构建学术博客知识交流与共享的心理诱因模型，即学术博客采纳行为模型。这一研究首次关注学术博客用户心理层面的因素，尤其是同时关注促进因素和阻碍因素，从新的视角挖掘影响用户知识贡献行为的内在要素，拓展信息系统用户行为的相关研究，同时加深对用户心理因素的研究。

（3）尝试从满意感形成的视角入手揭示学术博客持续意愿的影响因素。基于已有的模型与理论基础，如 ECT-IS 模型、S-O-R 模型等，从不同视角构建更为细致的学术博客持续意愿的理论模型，分别是基于拓展的 ECT-IS 模型、S-O-R 模型以及交互性与沉浸感模型。这些研究整合不同学科的理论，从崭新的视角探讨影响用户行为意愿的满意感的形成及其对用户持续使用学术博客意愿的作用机理，不仅拓展了有关 ECT-IS 模型和 S-O-R 模型在新型情境下的应用，同时补充并丰富了在线环境下满意感、愉悦感、沉浸感和交互性的相关研究，此外也拓宽了信息系统持续意愿的研究。

第2章 理论基础

学术博客用户行为是一个较为复杂的行为活动，它涉及多学科的理论。为了对学术博客用户行为的影响因素做深入分析，有必要借鉴其他学科的相关理论。结合研究的研究目标与研究问题，借鉴的理论主要有动机理论、社会交换理论、信任相关的理论、期望–确认理论、S-O-R模型、交互性模型和沉浸理论。

因此，在阐述学术博客的基础理论之后，本章将分别针对上述理论的核心概念、主要观点及其在解释学术博客用户行为方面的适用性逐一进行阐述，期望为后续理论模型的构建以及假设的提出奠定必要的理论基础。

2.1 学术博客的基础理论①

2.1.1 学术博客的概念

1. 相关概念

对相关概念的辨析将有助于更深入地理解学术博客。这里分别阐释与学术博客相关的上位概念（包括Web 2.0、博客和用户生成内容）和平行概念（包括科学博客和知识博客）。

1）上位概念：Web 2.0

"Web 2.0"的概念源自2004年3月O'Reilly Media公司和Media Live国际公司之间的一次头脑风暴会议。2005年9月30日，Tim O'Reilly发表了《什么是Web 2.0?》一文，对Web 2.0概念、特征、应用等进行独到的阐释，并描述Web 2.0的框图——Web 2.0 Meme Map，如图2.1所示。

---

① 本节主要内容原发表于《信息资源管理学报》，见甘春梅和王伟军（2015a）。

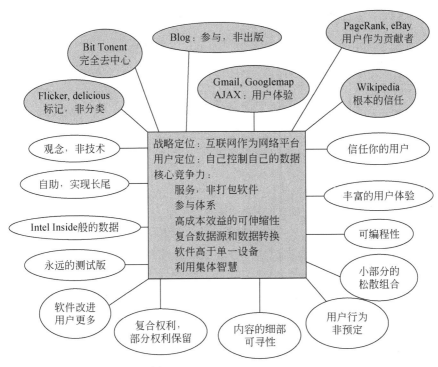

图 2.1　Web 2.0 Meme Map

资料来源：O'Reilly，2006

　　Web 2.0 至今还没有一个统一的定义，学者从不同的角度来理解和定义 Web 2.0。例如，Tim O'Reilly 认为，Web 2.0 的经验是有效利用消费者的自助服务和算法上的数据管理，以便能够将触角延伸至整个互联网，延伸至各个边缘而不仅仅是中心，延伸至长尾而不仅仅是头部。中国互联网协会（2006）指出，Web 2.0 不单纯是技术或者解决方案，而是一套可执行的理念体系，实践着网络社会化和个性化的理想，使个人成为真正意义的主体，实现互联网生产方式的变革从而解放生产力；这个理念体系在不断发展完善中，并且会越来越清晰。笔者所在的研究团队则认为，Web 2.0 是与互联网有关的一系列技术发展到一定阶段，应用的门槛逐步降低，技术与需求得以方便地结合而产生的一次大规模的应用普及，其深刻影响着经济、文化、思想理念和社会生活等方面（王伟军和孙晶，2007）。

　　通常来说，Web 2.0 包括博客、维基、RSS、网摘、标签、社交网络服务、Ajax 等一系列技术及其应用。

2）上位概念：博客

1997 年，Jorn Barger 创造了术语"Weblog"，即网络日志。1999 年，Peter Merholz 首次使用缩略词"Blog"，成为今天通用的术语。2004 年，字典生产商 Merriam-Webster 将"博客"选为年度词汇，即当年被查询得最多的词语①。最初，博客被认为是网络日志，用于记录每日生活等。随后，博客被普遍用作网络空间，个体在这一空间中发表个人评论，同时支持互动。与此同时，博客也发展成为个体出版的一种方式：其不受传统编辑、费时的同行评审和纸质出版过程等的限制（Putnam，2011）。

通常来说，博客是一种由个人或群体管理、定期不定期地发布新内容的网页。一般情况下，博客日志根据发表时间的顺序以倒叙形式排列；且包含文本、图像以及指向其他博客与站点的链接（Bukvova，2011）；允许读者对博文进行评论或留言。而主流博客一般都包括：导航与搜索；定期和经常地更新文本或图片等；与其他博主和在线资源的链接（如好友链接和资源链接等）；按月将日志进行归档；通过评论功能与读者进行互动等。

博客有许多种类。按主体来分，可分为个体博客和组织博客；按内容主题来分，可分为生活博客、政治博客、教育博客、旅游博客等某一特定主题的博客。同时，多个博客也会形成博客社区，社区聚集了来源多样的同一主题的博客。

通过撰写博客，个体可记录生活点滴、传达思想、共享知识或结识好友等。个体以简单便捷、个性化的方式发布心得体会、日常记录、专业知识等，其形式通常表现为文字、图片、链接等。此外，回溯和评论是博客的两个重要功能，这两项功能支持博客之间相互的交流。

3）上位概念：用户生成内容

用户生成内容（user generated content，UGC）由摩根斯坦利首席分析师 Mary Meeker 于 2005 年提出。目前对 UGC 还没有一个公认的、权威的定义。其中较有影响力的概念由世界经济合作与发展组织（OECD）在其 2007 年的报告 *Participative web and user-created content*：*Web 2.0*，*Wikis and social networking* 中提出，该定义描述了 UGC 的三个特性：互联网上可公开获取的内容，内容具有一定的创新性，且由非专业人员或权威人士创作（OECD，2007）。作为 Web 2.0

---

① 来源：British Broadcasting Corporation. "Blog" picked as word of the year［EB/OL］. http：//news. bbc. co. uk/2/hi/technology/4059291. stm，2004-12-01.

环境下一种新兴的网络信息资源创作与组织模式，赵宇翔和朱庆华（2009）认为，UGC 有着不同的表现形式，涉及文学创作、图像/图片、音频、视频、组群聚合性资源和文件共享等，这些内容发布的平台包括博客、SNS、播客、P2P、RSS 等。可以说，UGC 充分体现了 Web 2.0 的时代精神，即每个个体都有潜力贡献出有价值的信息，且赋予了有机会接触网络的人自我表达的话语权（赵宇翔等，2012）。

4）平行概念：科学博客

覃晓燕（2010）认为，科学博客是科学工作者的知识管理系统，主要指科学工作者作为主体将博客引入科学传播的过程中，运用博客的超链接性、即时性、个人性、开放性、交互性等技术，实现知识建构、知识管理和知识共享的功能；作者进一步指出，相对于其他博客，科学博客的主要特征是传播主体的专业性、传播内容的科学性以及传播功能的建构性。杨敏和马建玲（2012）提出，科学博客由科学研究人员及科普工作者撰写，内容与科学知识相关，是为了与公众进行科学知识交流的个人网络日志。知名博客搜索引擎 Technorati 将科学博客界定为"由在职科学家写的博客，而且必须是关于科学的内容"。作为一种双向的对话渠道，借助科学博客这一便捷平台，科学工作者可以传播他人观点或直接向公众传达自己的想法（Bonetta，2007），能够有效促进科学信息的传播（Sublet et al.，2011），同时促进不同科学领域间的互动从而积极推动科学发展（Pereira et al.，2009）。

5）平行概念：知识博客

Kelleher 和 Miller（2006）将知识博客定义为"专业期刊的在线等同物，作者在其中传播其专业领域内的新知识，包括研究进展、参考文献和观察等"。林忠（2008）认为，知识博客是以博客为依托，通过发布信息、链接知识源、评论回访和订阅等交流、共享并积累知识，最后达到个人知识提升的网络信息交流方式；作者进一步指出，知识博客旨在弘扬个人存在，体现个人的社会价值，其运作过程体现了知识管理的思想。

2. 概念界定

尽管现有的诸多文献中都使用"学术博客"这一术语，但对学术博客的使用仍处于混淆状态，它的概念并没有得到统一的界定。

Saper（2006）首次提出将学术博客看成一种特定类型的博客，即

"Blogademia"；并指出，学术博客没有经过任何同行评审或编辑过程，因而不能将其看成是知识产生的一部分。Gregg（2006）认为，学术博客是一种对话式的学术形式，它使得学术界之外的读者也能够接触学术工作并参与其中。通过观察博士生和年轻学术人员的公开博客，Gregg（2009）将学术博客看成是一种亚文化的表达，是一群在其所选择的学术和研究领域中努力生活的人的表达；同时探讨这一亚文化如何观察并批评学术的角色和功能以及学术内的雇佣实践。Ward（2006）将学术博客看成一种民族志形式。而 Kirkup（2010）认为，学术博客不太适用于写作新手，其访谈样本中最成功的博主都是在其他形式写作上有广泛经验的学者；因此，应该鼓励有较多成果的科研人员使用学术博客。

史新艳和肖仙桃（2009）从广义和狭义的角度来界定学术博客，认为广义的学术博客是指博客的大部分内容是关于学术知识的，对博客的作者没有具体的学术背景限制；而狭义的学术博客是指由从事某一专业领域的学术研究人员撰写的，以该专业的学术问题、科学研究为主要内容的专业博客，且具有鲜明的学科主题和专业色彩。林忠（2008）提出，学术博客的最大特征在于，通常某一领域或专业的知识博客聚合在同一个博客圈，通过链接、订阅、回访、评论相关专业领域的知识博客实现相同或相关学术群体间的学术交流；并指出，学术博客以其更知识化、学术化的对话语境，凸显着博客在促进学术交流与碰撞、增进学术了解与融合等方面的重大意义。吕鑫等（2012）认为，学术博客是指用于发布和交流教学、科研和科学信息的博客，即能够用于交流学术观点、发表科研成果、发布学校教学信息的博客。

综上所述，目前学者认为学术博客是：①主要内容是学术知识的博客；②由科研人员撰写的、以讨论学术相关问题为主的博客。一般来说，学术博客是以博主为中心，及时记录自身的学术观点，同时通过 RSS、回溯、评论和链接来实现自己同相关学术群体的知识交流（Furukawa et al.，2006）。

通过撰写学术博客，科研人员可随时发布自身拥有的知识或信息，与他人就某一问题进行互动交流；同时能够共享他人的知识，及时获取科研领域的最新动态或成果；进一步能够寻求志同道合的学术伙伴，进行合作等。因此，结合研究主题，这里将学术博客界定为：由科研人员（如高校教师、科研院所研究人员、高校学生等）撰写的，以学术为主题的，旨在发表学术思想、传播与交流学术观点（成果）以及共享学术知识的博客。

通过学术博客，科研人员撰写并更新博客，评论他人的博文，反馈他人的评论，与其他博客或相关学术站点进行链接等。而随着博客用户的发展，有着相同兴趣与爱好或相同专业背景的用户自发形成一个社区，构成学术博客社区这一特殊环境。目前国内外已有很多典型的学术博客社区①，部分社区在促进科研人员知识交流与共享方面已经取得了较好的效果，如新浪图林博客圈②和科学松鼠会③等。

2.1.2 学术博客的类型

科研人员因不同目的而使用学术博客，因此存在不同类型的学术博客。根据不同的需要，可将其分为不同的类型，如图2.2所示。

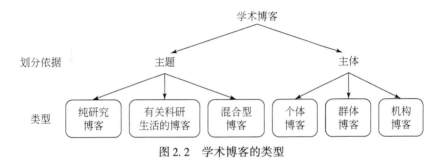

图 2.2 学术博客的类型

1. 按学术博客所涉及的主题划分

按学术博客所涉及的主题划分，学术博客可分为纯研究博客、有关科研生活的博客和混合型博客（Walker，2006）。

1）纯研究博客

纯研究博客涉及的主题与研究相关，类似于学术会议上的演讲与对话。传统上，科研人员使用笔记来记录实验过程和观点等。目前，越来越多的科研人员尝试利用学术博客来记录正在开展的研究的过程、观点以及研究结果。它为学术交流和研究的传播提供了崭新途径（Walker，2006），可使研究过程公开化，研究成果在正式出版前后更容易被他人，尤其是公众获取（Powell et al.，2012）。具体来讲，科研人员可公开他们的研究设计、数据搜集过程、早期研

---

① 根据著名博客搜索引擎 Technorati 的统计，截至 2007 年全世界就约有 19 881 个以科学作为标志的博客。

② 网址为 http：//q. blog. sina. com. cn/library。

③ 网址为 http：//songshuhui. net/。

究结果和其他研究细节，而这些信息通过传统的渠道（如期刊等）无法获取；也可吸引他人参与到观点讨论中，或寻求对实验的帮助（McGuire，2008；Skipper，2006）。国外已有不少组织、研究团队利用学术博客和维基等来促进研究小组内持续的交流以及信息的相互补充与完善，如"Research Blogging"①；"Mathemagenic"②。

2）有关科研生活的博客

这一类型的博客涉及的主题包括广泛的科研生活，如做研究的经历与体会、带领团队或指导学生的经验等；是一种有价值的"理解情绪、氛围、个人感性和自我意识之外知识的方式"（Saper，2006）。科研人员在其博客中随时记录其个人感想与体验，与他人分享并讨论相关经历。通过阅读这一类型的博客，用户可从侧面了解科研人员或科研生活。目前，国内的大多数博客属于这一类型，如科学网博客③。

3）混合型博客

混合型博客是上述两种类型的博客的综合。这一类型的博客既探讨有关研究的内容，也分享有关科研生活的感想。

2. 按学术博客主体划分

而按学术博客主体划分，学术博客可分为个体博客、群体博客和机构博客。

1）个体博客

个体博客由单个科研人员撰写与维持，其主体通常是高校教师、科研机构工作人员以及研究生等。各类博客平台如 Wordpress 和科学网等为个体博客的

---

① http：//researchblogging. org/post-list/list/date/all。该站点为聚合博客站点，任何愿意通过博客撰写其研究成果的科研人员均可申请加入该站点；所讨论的话题均与科研相关；涉及不同的学科，如生物、化学、计算机科学、数学、哲学等；大多数博文的语言为英语，也有少量博文的语言为中文、德语、西班牙语等。

② http：//blog. mathemagenic. com/phd。在写作其博士论文期间，博主 Lilia Efimova 通过该站点实时共享其研究数据和结论。

③ http：//blog. sciencenet. cn/blog. php。科学网博客是中国知名的学术博客社区，用户大多工作或就读于高校或科研院所，采用实名制，来自不同的学科领域；所讨论的话题很广泛，涉及科研笔记、论文交流、教学心得、观点评述、科普和生活等。

存在和发展提供了重要的支撑，使得科研人员的自我出版过程变得更为简单、快捷（Putnam，2011）。相比其他类型的博客，为了运营一个高质量的、受欢迎的博客，个体博客需要科研人员投入较多的时间和精力去撰写博文，并通过评论与反馈等方式与读者进行交互。通常来讲，这一类型的博客占绝大多数。例如，科学网博客"黄安年的博客"①；新浪图情博客圈知名博客"程焕文如是说"②。如果没有高质量的博文、持续的写作和稳定的读者群，个体博客通常很难维持下去。在实际中，很多个体博客已经很少或不再更新，从而最终被科研人员所放弃。

2）群体博客

群体博客通常由两个或以上的、研究领域相同或相近的科研人员撰写并维持，其主体通常是在现实中已互相认识的科研人员（如大学教授）/研究群体或同一领域中对该博客感兴趣且愿意贡献的个体。这一类型的博客大多数为研究型博客，即日志多与学术相关。相比个体博客，群体博客关注的主题较为专一和集中，发表的博文质量更高，且能吸引更多的读者。群体博客更容易促进参与主体之间的线上线下合作，激发新想法的产生；也能长久地得到维持。实证研究发现，研究型小组博客主要有两个目标：一是自我呈现和构建研究群体的身份，二是促进知识构建中的协作。通过研究型博客，科研人员能够展示其研究成果、开展的项目、想法等，也能够寻求来自不同听众的反馈（Luzón，2010）。在国外，这一类型的博客较为常见，如"Organizations and Markets"③；"iMechanica"④。

---

① http：//blog. sciencenet. cn/？415。作者是美国历史学家黄安年教授；该站点自2007年3月开通至今，已发表博文9600余篇；主要关注学术、教育、社会、生活等所见所闻与资料选集。

② http：//blog. sina. com. cn/huanwen。作者是中山大学图书馆学教授程焕文，自2006年5月开通至今，已发表博文1000多篇，一直备受读者欢迎；主要探讨图书馆学领域相关的主题。

③ http：//organizationsandmarkets. com/。该站点由来自管理学、经济学等相关学科的四位教授/副教授共同维持，此外也经常有一些客串的教授/副教授在其中撰写博文。其主要关注有关经济与管理相关的学术研究，致力于提供一个国际化的、跨学科的视野。四位作者是：哥本哈根商学院管理学教授 Nicolai J. Foss、密苏里大学应用社会科学副教授 Peter G. Klein、康涅狄格大学经济学教授 Richard N. Langlois 和挪威经济与工商管理学院战略管理教授 Lasse B. Lien。

④ http：//imechanica. org/。作者涵盖任何注册的力学工作者；该博客站点致力于为力学工作者提供交流平台，旨在促进力学知识的在线发展。

3）机构博客

机构博客通常与某一组织（如出版商、期刊等）相关联，由该组织予以维持，作者可以是一个人或多个人。在社会化媒体时代，诸多组织也纷纷利用不同类型的社会化媒体，如博客、维基和社交网络等，来吸引和留住用户，建立自己的用户基础。机构博客通常有着更强的构建基础的优势，因为随着用户转向社会化媒体，他们倾向于信任已经建立的站点或已经存在的实体组织（Putnam，2011）。用户可通过留言和评论等方式与机构博客进行互动交流，以及利用 RSS 订阅等方式随时关注机构博客的动态，如"WileyChinaBlog"①。

2.1.3　学术博客的功能

随着 Web 2.0 在学术领域的应用以及科学 2.0（Science 2.0）的发展，学术博客呈指数级增长并日益引起学界的重视（Luzón，2009）。越来越多的科研实验室、团队和个体使用学术博客来报道研究成果，讨论研究问题或共享学术观点，进行在线合作，在线出版或创建学术身份等。例如，作为一个学者和数字媒体创造者，根据自身阅读博客和开通博客的经历，Noah 在其博文中提到，最初，阅读博客是为了跟踪会议中涉及的领域动态；很快，他意识到博客也包含许多并未在会议上汇报的初始研究、早期结果和其他有用信息等；此外，学术博客能够促进社区的创建，且这一社区更开放，吸引了来自各行各业的个体，这促使博客中形成"更多样化与持久性的跨学科间的对话"（Noah，2011）。

Kirkup（2010）认为，学术博客正成为一种学术实践，一种新型的学术写作方式，它将成为学界的一项重要活动并成为学者的一种技能。Kirkup（2010）进一步指出，学术博客提供了一种获取学术文本资源的新方式，且这种方式正在改变 21 世纪实践者的属性。通过对 12 个研究群体博客进行分析，Luzón（2010）发现，学术博客中的日志主要发挥以下作用：①公开研究小组及其研究成果，以展示小组的竞争力进而获得科研声誉并建立合作关系，如公布成员正在参与的项目、最新出版物、领域内重要学术会议等。②向大众开放研究小组的工作，并寻求反馈，如将链接指向希望得到反馈的项目或文章上，鼓励读者评论并采用直接或间接的方式要求读者进行反馈。③与小组其他成员保持交流并记录小组活动，

---

① http：//blog. sciencenet. cn/home. php？mod＝spaceanduid＝822310。该站点由知名的学术出版机构 Wiley 维持，利用该站点来介绍有关书籍出版、论文撰写等信息。

如包含指向某些事件的链接，或及时记录小组讨论、想法或评论等。④与不同的研究者讨论感兴趣的话题并就这些话题共享信息或想法，进而创建社区归属感，如回答他人的提问并提供充分的资源链接，或评论他人的工作。⑤强化社交链接并与社区成员保持联系，这主要通过发表评论和个人逸事等方式来达成。

传统上，撰写文章将研究成果发表在同行评审的期刊上是交流知识并使科研人员获得认可和声誉的一种重要方式。但学术博客的发展促使通过学术博客形成并传播基于证据的信息也成为学术身份创建的一种有效方式（Lindgren，2006）。通过发表活跃日志、发布个人信息、提供出版物或项目列表、参与主题讨论等方式，科研人员能够有效地进行自我呈现与身份创建（Luzón，2010）。此外，博客平台中的出版内容不受限于传统科学出版的流程与规则，提供更加丰富的表现形式，如文本、图片、音频和视频等，并促进更多听众的参与交流与意见反馈。国外科研人员已开始体验这一新形式带来的好处。

与传统的传播渠道相比，学术博客具有独特之处。例如，学术博客通常包含指向其他博文或在线资源等的链接；用户可以通过评论来实现持续的交互。这些特性使得越来越多的科研人员尝试使用学术博客作为信息交流与知识共享的非正式平台（王伟军等，2012）。这一平台以一种开放的、透明的方式支持一种新型的对话实践，其中来自世界各地的不同学科的研究人员参与到讨论中，共享早期的结果，或寻求对实验的帮助（Skipper，2006）。如 Sauer 等（2004）指出，其所在的研究团队使用学术博客和维基来促进持续的交流以及作为实验室日常工作的补充方式。其中，受密码保护的博客只面向团队成员，博客中涉及博文、评论和指向相关资源的链接；同时，为解决安全性的担忧，需要通过密码来获取信息，且系统建立在工作组内部网的防火墙内。结果表明，学术博客和维基的使用使得团队成员快速地共享知识，有助于有效地管理、导航并促进群体的集体知识基础。

此外，通过评论功能，学术博客支持读者对博文内容进行评论并提供反馈。这一方面有助于博主进一步改进博文内容，提高研究的严谨性；另一方面也有助于发现潜在的合作者，增加合作的机遇。在这一基础上，"基于博客的评审"由此应运而生。博客这一开放的空间为广泛的潜在评审者提供了入口，这些评审者能够参与到对博客内容持续的、快速的批评中（Bukvova，2011；Noah，2011）。例如，2008 年，加利福尼亚州大学的计算机科学教授 Noah Wardrip-Fruin 尝试开展了一个实验，即在将书稿 *Expressive Processing* 发送给传统出版社评审的同时，也将书稿分为章节作为每日博文发表在群体博客 Grand Text Auto 中，期望能够接受博客读者的评论。实验结果显示（Noah，2011）：①评审被视为对话。它不仅引入了更多的不同声音，更重要的是提供了一种对话方式，如对一个例子讨论的快速决定有助于发现并挖掘章节内更大话题的宽度和严谨性。②时间上的不灵活性。博客对话由时间不断地驱动着，互动越多、越早，对话效果越好。最终，Noah 获得了高质量的评论，且能直接用于修改书稿。作者将这一新方式称为一种"开放的、基于博客的同行评审"。与传统的同行评审不同，这一新型的评审方式以一种开放的且动态的形式吸引那些对博主书稿感兴趣的、具有不同学科背景和经验的读者参与进来，其鼓励参与者与博主之间的协作式与讨论式交流。如 Noah（2011）所说，那些可能很少参与书稿评审的读者的加入丰富了基于博客的评审过程。

需要指出的是，使用学术博客对科研人员有利有弊。Lawley（2012）曾撰文列举学术博客给科研人员带来的好处，包括加速发表、自发性、发表正在进展中的工作且获得反馈的能力、增加个人声音、避开编辑过程、增加分布式同行评审以及支持科研人员与他人建立联系等。与此同时，学术博客的使用也使得科研人员承担一定的风险，如在成果正式发表之前共享的信息和想法被盗取或受到攻击、对可信度的影响以及对传统研究活动的时间的占用等。Putnam（2011）认为，撰写学术博客的好处在于：提供了提高写作技能的机会，通过链接来创建兴趣社区，支持科研人员对不同的新闻（尤其是他们不认同的新闻）作出快速的反应，并通过更强的资源来支撑其观点；但其弊端体现在需要大量的时间去管理，如学习新技术的时间、与读者交互的时间和撰写博文的时间，且博客通常被认为不专业。

2.2 动 机 理 论

2.2.1 动机理论概述

动机理论（motivation theory）是心理学中的一个重要理论（Deci and Ryan，1985；Vallerand，1997）。该理论认为，人们出于一定的动机而执行某一行为。不少研究以动机理论作为理论基础来探讨不同类型信息系统的使用行为。作为"唤起和引导具有特定目标行为的持久性倾向"（Engel et al.，1995），动机被认为是影响信息系统使用的关键要素。

通常，存在两种类型的动机：外在动机与内在动机。外在动机是指"执行某一行为是因为它能够有一定的结果产出"（Ryan and Deci，2000a）。换句话说，外在动机引发的行为受到一定的工具性价值（Ryan and Deci, 2000a）或外部利益驱使，如收益、奖励或认可等，即这些行为的产生源自于行为的结果产出，而非行为本身（Davis et al., 1992）。不少研究提出，外在动机是影响用户使用功利性信息系统的关键因素。而内在动机是指"执行某一行为是因为行为本身的内在满意"（Ryan and Deci, 2000b）。它涉及人们执行某一行为是因为他们发现行为本身很有趣、新奇并且具有挑战性（Deci and Ryan, 1985）。内在动机引发的行为受自身内在的需求所驱使，如愉悦感和好玩性等。与外在动机不同，这些行为的产生源自于行为自身的评价，而非其工具性的结果产出（Mathwick et al., 2001）。已有研究认为，内在动机是影响用户使用享乐性信息系统的关键因素。

大量的研究使用动机理论来阐释信息系统的使用行为。这些研究认为，外在动机和内在动机能够显著影响用户对信息系统的使用。不同的动机因素对不同的信息系统使用行为会产生不同的作用。

早期的学者使用动机理论来解释互联网环境下的使用行为，提出感知有用性、奖励、功利性、感知易用性、享乐性和感知的愉悦感等内在动机和外在动机对用户行为的影响。例如，Teo 等（1999）发现，感知有用性和感知易用性直接影响网络使用的频率、每日使用以及多样性，而感知的愉悦感只对网络使用的频率和每日使用产生作用；此外，感知易用性通过感知有用性和感知的愉悦感对网络使用的频率、每日使用以及多样性产生间接影响。Teo（2001）之后的研究则进一步提出，不同的动机影响不同的网络使用行为，感知有用性影响网络发帖、浏览、下载和购买行为，而感知的易用性和感知的愉悦感则只影响网络发帖、浏览和下载行为。Kankanhalli 等（2011）发现，内在动机显著影响知识的再利用；而当电子知识库的使用者感知到高知识存储能力时，外在的奖励也显著影响知识的再利用。To 等（2007）提出，功利性动机决定了消费者信息搜寻意愿以及购买意愿；享乐性动机对信息搜寻意愿产生直接影响，并对购买意愿产生间接作用；此外，功利性动机所发挥的作用大于享乐性动机。

之后，随着社交媒体的兴起和发展，不少学者将动机理论应用于不同类型的社交媒体使用行为，如虚拟世界、在线社区、社交网络等，探讨不同的动机因素如何影响用户使用各类社交媒体。除了感知有用性、感知的易用性等因素外，已有研究挖掘出更为丰富的动机因素，如互惠、娱乐性、感知的价值、依恋、社交等。例如，Verhagen 等（2012）提出，外在动机（感知有用性）和内在动机（娱乐价值）对使用虚拟世界的态度产生正向影响，且外在动机（感知有用性）正向影响内在动机（娱乐价值）。Sun 等（2012）发现，与外在动机（绩效预期、社会影响和便利条件）相比，内在动机（努力预期、态度和焦虑）对员工在工作场所使用在线学习的意愿产生更大的作用；且内在动机能够对外在动机的作用产生中介作用。Lai 和 Chen（2014）对比分析在线兴趣社区中发帖者和"潜水者"知识共享意愿的差异。结果发现，内在动机因素（帮助他人的愉悦感和知识的自我效能）对发帖者的知识共享意愿产生最大的影响，而外在动机因素（互惠）则对"潜水者"的知识共享意愿产生作用。Shibchurn 和 Yan（2015）认为，社交网络用户对内在价值的感知能够影响基于奖励的信息披露情境，而外在动机对信息披露意愿不产生影响。Ma 和 Chan（2014）发现，感知的在线依恋动机对在线知识共享行为和感知的在线关系承诺产生直接和间接的作用，感知的在线关系承诺和利他主义显著影响在线知识共享行为。Lee 和 Ma（2012）提出，用户在信息搜寻、社交性、地位搜寻方面的满足显著影响其在社交媒体平台中的新闻共享行为。

近年来，随着移动互联网的兴起，有学者尝试从动机视角出发阐释内在动机和外在动机对移动互联网环境下的用户行为所产生的影响，揭示享乐性动机、社交性动机、信息性动机和功利性动机等影响因素对移动用户行为的不同作用。Nysveen 等（2005）研究了移动聊天服务的动机，结果发现，内在动机和外在动机显著影响用户的持续意愿，且存在性别差异；内在动机，如愉悦感显著影响女性用户的使用意愿，而外在动机，如有用性和表达性则显著影响男性用户的使用意愿。Kim 等（2007）则认为感知有用性、感知的愉悦感对移动网络的使用产生正向影响。Gan 和 Xiao（2015）提出，感知的愉悦感显著影响移动阅读用户的持续意愿。Chong（2013）提出，外在动机（感知有用性）和内在动机（感知易用性、感知的愉悦感）均对移动商务使用活动产生影响。Kim 等（2013）发现，功利性动机、社交性动机和享乐性动机对移动参与意愿产生直接作用并通过用户满意感产生间接作用；此外，社交性动机和享乐性动机显著影响感知的价值。Gan 和 Wang（2015）发现，内容性满足、社交性满足和享乐性满足能够影响微博和微信用户的使用行为。

2.2.2 动机理论的适用性

学术博客作为一种典型的信息系统，学术博客用户行为的产生受到不同动机的驱使。针对不同的用户行为，如知识交流与共享、知识获取等，学术博客用户往往表现出不同的动机。例如，用户使用学术博客的行为可能受到周围人的使用行为的影响。又如，学术博客用户浏览他人的博客可能是为了搜寻特定的信息，也可能是了解知名博主，抑或是为了消磨时间。再如，用户在博客中共享信息可能是为了发挥所长来帮助他人，也可能是为了引起他人的关注从而获得一定的声誉。此外，当用户认为使用学术博客对他们的工作或研究有帮助时，他们倾向于继续使用学术博客；而当用户认为使用学术博客的过程很有趣时，他们往往也会持续使用学术博客。上述这些因素都与用户动机相关。基于此，动机理论为阐释学术博客用户行为提供了一个很好的视角。

2.3　社会交换理论

2.3.1　社会交换理论概述

社会交换理论（social exchange theory）兴起于 20 世纪 50 年代后期，它是利用经济学概念来阐释社会行为的一种社会心理学理论。该理论从微观角度研究人类行为（Homans，1958）；提出社会行为的持续发展依赖于相互之间的强化，依赖于交互双方彼此从对方所获得的收益与付出的代价的比值（Blau，1964）。如 Homans（1958）所说，社会行为是"至少在两人之间发生的、或多或少要获得报酬或付出成本的、有形或无形的交换活动"。社会交换涉及人际关系中的行为、心理等方面的交换。而这种交换具有不确定性和风险性，这是因为提供资源或信息等交换的一方不知道另一方是否会回报以及什么时候回报（Blau，1956）。社会交换理论的核心是互惠原则。这种互惠可能是物质方面的报酬，如经济奖励、地位的提升；也可能是心理方面的报酬，如信任、享受、声誉等。

社会交换理论包括四个关键要素：交换主体、交换资源、交换结构和交换过程（Molm，2001）。其中：①交换主体可以是个人，也可以是组织。社会交换不仅发生在个人之间，也发生在个人与组织之间、组织与组织之间。②交换资源可以是有形资源，如经济奖励；也可以是无形资源，如社会认可。③交换结构是指交换主体之间的交换形式。④交换过程是指主体之间交换资源的过程。

此外，社会交换理论可以用一个公式来阐释：收益（reward，R）-成本（cost，C）=结果（outcome，O）。当交互双方所得的结果（O）均为正时，则交互行为将持续进行；如果交互双方一方的结果为负时，则交互行为会受到影响。如表 2.1 所示，描述了社会交换理论对个人行为和个体间交往行为所遵循的原则。

表 2.1   社会交换理论下个人行为和个体间交往行为的原则及模式

原则		模式
个体行为	遵循原则	利益最大化原则
	行为模式	收益（R）－ 成本（C）＝结果（O）>0，行为继续
		收益（R）－ 成本（C）＝结果（O）<0，行为终止
个体间交往行为	遵循原则	分配公平原则
	行为模式	自己的回报：R/C；别人的回报：R'/C'
		若 R/C > R'/C'：则愿意继续交往，会体验内疚
		若 R/C = R'/C'：则愿意继续交往，会体验公平
		若 R/C < R'/C'：则不愿意继续交往，会体验愤怒和抱怨

资料来源：赵玲，2011

　　不少研究将社会交换理论应用于不同的情境去阐释用户行为，如 ERP 系统、在线开源社区、虚拟团队、电子知识库。例如，Kankanhalli 和 Wei（2005）利用社会交换理论来识别影响电子知识库使用的成本与收益因素。结果发现，对知识贡献者来说，内在收益（知识的自我效能和乐于助人的愉悦感）显著影响电子知识库的使用；而在情境因素的调节下，外在收益（互惠和组织奖励）能够显著影响电子知识库的使用。King 和 Burgess（2006）提出用户与项目团队之间的社会交换是积极相关的。Park 等（2015）提出，交换特征对构建与保持 IT 服务关系中的独立性起着重要的作用，并进一步影响用于共享知识的信任的构建。

　　近年来，有学者尝试应用社会交换理论去解释社交媒体情境下的各类用户行为，如用户参与团购、信息披露、知识共享。Shiau 和 Luo（2012）认为，互惠、信任、满意感和卖者创造力能够很好地揭示用户参与在线团购行为的意愿。Jiang 和 Kim（2015）将感知的收益细分为四个维度，即功能性收益、情感性收益、社交性收益和实用性收益；而将感知的成本细分为三个维度，即金钱成本、显性成本和隐性成本；实证结果显示，环境关注正向影响感知的收益和负向影响感知的成本；感知的成本对环境关注与购买意愿之间的关系起着部分中介作用；此外，功能性收益和情感性收益、金钱成本和显性成本显著影响购买意愿。以社会交换理论、自我效能与计算机媒介的交流为理论基础，通过对 3374 名意大利工作搜寻者样本的分析，Ouirdi 等（2015）发现，在线形象关注、社交媒体自我效能以及社交媒体有效性的感知能够影响职业导向的自我披露；而不恰当的自我披露则只受社交媒体自我效能的影响。

2.3.2 社会交换理论的适用性

学术博客用户行为，如知识交流与共享行为、知识获取行为等，都可以看成是一种双方交换的行为，即用户与用户之间的交换，以及用户与社区之间的交换。当用户积极参与到社区活动中时，他们需要付出一定的成本，包括撰写博文以贡献信息所花费的时间和精力等；同时，他们可能会获得一定的收益，如声誉的获得、感知的愉悦感、乐于助人与利他主义、自我身份认同等无形收益。当用户感知到他们的回报大于付出时，他们更有可能使用学术博客。另外，学术博客情境下，用户行为更多的是一种自发性的行为，如用户自主选择是否发布个人的基本信息、撰写个人的科研体会等。这种情形下，信任就发挥着很重要的作用。对其他成员的信任、对博客服务提供商的信任等会影响学术博客用户的知识交流与共享、知识获取等行为。这本质上涉及社会交换理论的交换结构命题。因此，可以从社交交换的视角去阐释学术博客用户行为的内在机理。

2.4 信任相关理论

2.4.1 信任相关理论概述

信任是一个多维度的概念。不同学科的学者对信任作出不同的界定，如社会心理学、市场学、管理学、信息学等。在社会心理学领域里，心理学家通常强调信任的社会性。如 Blau（1964）指出，当双方的社会交换显示出信守诺言的能力和对关系的承诺时，双方将逐渐建立起信任。因此，信任行为意味着当个体拥有部分信息使其相信他人的良好意愿时，个体允许自己处于一种潜在的脆弱的位置；而信任存在的必要条件是风险以及可能值得信任的他人或情境的部分信息（Blomqvist，1997）。在市场学领域里，市场研究者将信任行为视为个体或组织间的一种长期合作的态度。如 Anderson 和 Narus（1990）指出，信任涉及公司的这样一种信念，即相信另一个公司采取的行动会产生对公司有利的积极结果；Morgan 和 Hunt（1994）则认为，信任是指一方相信另一方是可信赖的和正直的。

随着网络的发展，在线交易、在线知识交流与共享行为等逐渐兴起，在线信任成为一个新议题。Corritore 等（2003）将在线信任定义为对在线情形下个体的脆弱不会被揭露这一风险的一种自信期望的态度。许多学者也指出在线信任与离线信任的区别。例如，Shankar 等（2002）则认为离线信任的对象通常是一个个体或一个实体（组织），而在线信任的对象则涉及技术（主要是因特网）和部署技术的组织；Boyd（2003）提出，电子商务交易中的客户不仅需要信任站点，也需要信任站点所在的公司。

与此同时，Mayer 等（1995）提出，信任是多维的，它由三个独特的因素构成：能力、善行和正直。Gefen（1997）进一步指出，这三个因素又是相互交叉的。已有研究提出，信任的这三个维度能够适用于在线交流这一情境（Jarvenpaa et al.，1998）。Ridings 等（2002）则认为，在虚拟社区环境中，由于善行和正直意味着相同的事情，所以可将这两个维度进行结合，即信任涉及两个维度：能力和正直/善行。其中，能力是指使个体在某一领域具有影响力的技能或竞争力；正直/善行是指一种期望，即期望另一方的行为与社会化接受标准的诚实相一致或愿意做好事。而 Leimeister 等（2005）将虚拟社区中的信任划分为三种类型，即人际信任、系统信任和信任倾向。其中，人际信任是指即便可能存在消极的结果，一方也愿意依赖于另一方，对其产生安全感；系统信任是基于对某一系统或机构感知到的信赖；信任倾向是指在大范围情境下，个体倾向于依靠他人。

不少研究在不同情境下证实了信任对用户行为的影响及其重要性，如电子商务、电子政务、在线支付、在线团购、在线资源使用等。Qu 等（2015）基于欧洲国家的调研发现，一个国家的社会信任能够促进对开放性 B2B 电子商务的使用，但同时会阻碍封闭性 B2B 电子商务的使用；此外，社会信任负向调节企业层面的 IT 经验与封闭性 B2B 电子商务之间的关系。Dan 等（2008）提出，信息质量、感知的隐私保护、感知的安全保护、积极的声誉以及熟悉显著影响电子商务环境下的信任，进一步显著影响意愿与购买行为。Shi 和 Chow（2015）认为，社会化商务信任正向影响对企业的信任，进一步影响消费者电子口碑意愿的产生；而消费者的经验对基于信息的社会化商务信任向对企业的信任转移这一过程起着调节作用。Belanche 等（2014）探讨公共管理如何影响市民对公共电子服务的持续使用，并关注不同信任要素的角色。结果发现，对公共电子服务的信任能够调节对公共管理的信任和对网络的信任对持续意愿的影响；信任受电子服务质量以及来自于公共管理和人际来源的推荐的影响。Chen 等（2015）针对在线报税系统的实证调研发现，对技术的信任、对政府的信任以及以往的经历直接影响对电子政务网站的信任，进而直接影响信息系统质量的三个维度。Hashim 和 Tan（2015）认为认知承诺与认同信任对知识共享的持续意愿产生中介作用。Yang 等（2015）揭示中国在线支付环境下感知风险与信任的关系：感知的整体风险与信任负向相关；而系统依赖的风险与信任正向相关，交易风险则与信任负向相关。Hsu 等（2014）针对在线团购行为的实证研究显示，站点声誉与感知的站点规模、卖者声誉与感知的卖者规模均显著影响对站点的信任与对卖者的信任，进一步显著影响对站点和卖者感知的质量及其满意感，进而影响重复购买意愿。Go 等（2016）探讨个体为什么以及如何使用网络信息资源。结果显示，信息搜寻、社交效用、娱乐性均与个体使用门户网站、新闻站点和社交网络作为信息源有关联；此外，新闻站点的使用会影响用户对在线信息可信度的感知以及对媒体的信任；而对在线信息可信度的感知与对媒体的信任之间也有关系。

2.4.2　信任相关理论的适用性

对学术博客用户而言，信任对用户是否愿意采纳学术博客站点、进行知识交流、知识共享等行为，发挥着重要的作用。已有研究表明，信任能够降低用户感知到的风险，能够直接或间接地促进用户行为。当用户信任学术博客服务提供商时，他们倾向于选择使用其所提供的平台。反之，他们只需轻轻点击就可以快速地跳转到另一个相似的平台中。与此同时，用户也需要相信其他成员不会滥用其个人信息或盗用其观点，这样他们才会更愿意发布有关个人隐私的信息，也更愿意利用学术博客来探讨其正在开展的研究，或在成果发表前共享研究数据与结论。可以说，信任是促进学术博客用户交流、获取与共享知识的重要因素。因此，可借鉴已有的与信任相关的理论来深入阐释学术博客用户行为。

2.5　期望–确认理论

2.5.1　期望–确认理论概述

期望–确认理论（expectation-confirmation theory，ECT）由 Oliver（1980）提出。Oliver 认为，消费者通过比较购买前期望与购买后的绩效来判断是否满意以及是否愿意重复购买该产品或服务。在以往的消费者行为文献中，ECT 被广泛用于解释和预测消费者满意感、购买后行为（如重复购买）和服务市场。已有研究将 ECT 应用于不同情境，如汽车重复购买（Oliver，1993）、摄影产品的重复购买（Dabholkar et al.，2000）和商业专业服务（Patterson et al.，1997）等，并已证明该理论的解释力。

图 2.3 描述了 ECT 中的关键构件及其关系。ECT 由期望、感知的绩效、确

认、满意感和重复购买意向这些关键变量构成。ECT 认为，满意感是重复购买意向最重要的决定因素，期望和确认直接预测用户满意感，期望负向影响确认，而感知绩效则正向影响确认。

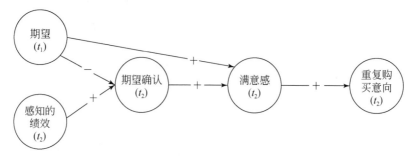

图 2.3　期望–确认理论（ECT）
注：t_1 = 消费前变量；t_2 = 消费后变量
资料来源：Oliver，1980

　　根据 ECT 框架，消费者形成重复购买意向的过程如下（Oliver，1980）。第一，购买之前，消费者对某一特定的产品或服务形成初始的期望。第二，消费者接受并使用这一产品或服务。在消费一段时间后，消费者对其绩效形成感知。第三，消费者评估感知的绩效和初始期望，并决定其期望被确认的程度。第四，基于其确认层次和期望，消费者形成一种满意感或情绪。第五，满意的消费者形成重复购买的意向，而不满意的用户不再使用该产品或服务。

　　在 ECT 的基础上，信息系统研究学者对该理论进行扩展来评价和解释满意感与用户持续使用 IS（信息系统）行为的关系。例如，在 ECT 框架基础上，Lin 等（2005）增加了趣味性的价值，用以研究网络站点的持续使用；结果表明，感知的趣味性、对满意感的确认和感知有用性都显著地正向影响用户重复使用网络站点的意向。通过整合 ECT、TAM（技术接受模型）、TPB（计划行为理论）和沉浸理论，Lee（2010）探讨了在线学习的用户持续使用意向；结果显示，满意感对用户持续使用意向的影响最大，其次是感知有用性、态度、关注、主观规范和感知的行为控制。

　　其中，最知名的是 Bhattacherjee 提出的 IS 持续使用的 ECT 模型（即 ECT-IS 模型）。Bhattacherjee（2001）认为，IS 用户的持续使用意向与消费者的重复购买意向相似，因为两者都跟随一个初始的接受或购买决定，受 IS 或产品初始使用体验的影响，以及能潜在地导致对初始决定的事后改变。因此，结合其他不同的理论（如 TAM），Bhattacherjee 提出 ECT-IS 模型（图 2.4），用以更好地解释

IS 持续使用的意愿。其中，满意感和感知有用性直接影响用户的 IS 持续使用意向，感知有用性正向影响用户满意感，而确认则对感知有用性和用户满意感产生正向影响。

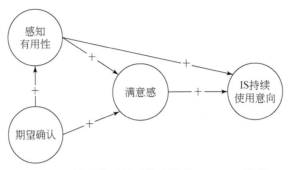

图 2.4 IS 持续使用的后接受模型（ECT-IS 模型）

不少研究利用 ECT 理论或同时结合其他理论（如信任理论、动机理论等）来阐释不同情境下的用户行为，如信息系统使用、博客、维基、在线服务、在线购物等。有学者尝试探讨期望确认、满意对信息系统持续使用或用户忠诚的影响。基于 ECT 理论和维持现状偏见理论，以智能手机为研究对象，Lin 等（2015）发现，确认正向影响用户满意感和相对优势，进一步正向影响对 IT 产品的忠诚度；而转移成本正向影响对 IT 产品的忠诚并通过惯性发挥间接作用。Lankton 等（2014）针对战略信息系统的实证研究显示，技术信任期望通过绩效、不确认和满意对信任意愿产生作用。Ayanso 等（2015）认为，感知有用性与感知的风险显著影响用户满意感，进而影响医生持续使用电子病历系统的意愿；而感知的风险也直接影响医生的持续意愿。也有学者使用 ECT 理论来揭示博客和维基等 Web 2.0 环境下的使用行为和贡献行为。在 ECT 模型的基础上，Chen 等（2015）引入感知的自愿性和习惯，探讨教师使用教学博客的影响因素。结果显示，确认对感知有用性产生直接的作用，而两者均影响用户满意感；用户满意和感知有用性影响教学博客的持续使用意愿；而高层次的感知自愿性将增强持续意愿对持续使用行为的作用。基于 ECT 理论和期望–价值理论，Lai 和 Yang（2014）从心理学视角和情境视角出发揭示用户持续编辑维基百科的影响因素。结果显示，主观的任务价值、承诺和过程性公平显著影响对维基百科的满意度，而满意度正向影响用户持续编辑维基百科内容的意愿。而随着在线购物、在线教育等在线服务的兴起，有学者开始将 ECT 理论应用于这些新兴的情境去探讨消费者行为。Li 和 Liu（2014）针对在线旅游服务的实证研究发现，满意和感知有用性显著影响持续意愿，进一步显著影响口碑行为；而感知有用性也对口碑行为产生正向作用。Alraimi 等（2015）提出，MOOC 的持续使用意愿受感知的声誉、感知的开放性、感知有用性和用户满意感的影响，而感知的声誉和感知的开放性是最关键的要素。通过整合 ECT 模型和公正理论，Wu 和 Huang（2015）发现，ECT 构件对用户满意和抱怨意愿产生影响。以 ECT 理论和信号理论为基础，Hu 等（2015）发现，信号可信性对在线客户抱怨意愿产生直接的负向作用，且对顾客满意与在线顾客抱怨意愿之间的关系起着调节作用。Michalco 等（2015）的实验结果显示，当期望得到确认时，用户倾向于将评分与其期望同化；而当产品质量与其预期不一致时，用户倾向于将评分与预期进行对比，并基于不确认的程度来进行评分；此外，期望不确认能够用于用户体验的分析。

2.5.2　期望–确认理论的适用性

现有研究已经充分证明了期望–确认理论对信息系统用户行为的解释力度。作为一种特定的信息系统，用户在采纳学术博客之前，往往也抱有一定的期望，如自由地表达自我的想法、结识志同道合的学者、与有共同研究兴趣的科研人员建立联系甚至合作关系、获得他人的帮助、贡献自己的科研经历与体会等。而当使用一段时间之后，学术博客用户会有意识或无意识地对其使用绩效进行判断，评价其最初的使用期望是否得到了满足。如果用户的期望得到了满足，这将有助于用户对学术博客产生满意感，并产生继续使用学术博客的意愿。如果用户的期望没有得到满足，那么用户可能会不再继续使用，或者转向其他可替代的站点。另外，当用户认为学术博客的使用对其学习、工作等有用时，用户也会倾向于继续使用。因此，期望–确认理论能够用于解释学术博客情境下的用户行为。

2.6　S-O-R 模型

2.6.1　S-O-R 模型概述

刺激–有机体–反应（stimulus-organism-response，S-O-R）模型来源于环境心理学，该模型勾画了行为情境和行为反应之间的交互关系。Mehrabian 和 Russell（1974）提出，环境中的刺激（S）会促使个体内在状态或有机体状态的改变（O），进而导致接近性或避免性的行为反应（R）。换句话说，S-O-R 模型关注刺激要素对用户认知或感知的影响，及其进一步对用户行为的作用（Mehrabian and Russell，1974）。其核心观点体现在：刺激（S）会影响用户的认知或情感反应（O），进一步影响用户的行为（R）。其中，刺激涉及来自用户自身的生理、心理因素以及外部环境因素等各方面的刺激；有机体是指刺激与行为之间所发生的内部过程，包括不同的心理的、情感的和认知的活动；反应是指用户行为，如购买行为、在线交流、重复购买意愿等。

Donovan 和 Rossiter（1982）将 Mehrabian 和 Russell 提出的框架应用于实体零售环境，尝试揭示商店环境对消费者情感状态及其购买行为所产生的影响。结果发现，消费者的情感状态对有机体变量产生中介效应，且能够被归类为三个维度：愉悦–不愉悦（P）、唤起–不唤起（A）及支配–服从（D）。其中，愉悦–不愉悦（P）涉及消费者在实体商店是否愉悦的程度；唤起–不唤起（A）涉及消费者在实体商店是否感觉到兴奋或被刺激；支配–服从（D）则涉及消费者对环境的控制程度或能够在环境中自由行动的程度。随后的大量文献经常将 S-O-R 模型和 PAD 分类放在一起讨论，由此产生了大量丰富的文献来揭示不同的刺激、有机体和反应要素。

研究与实践表明，环境的内部与外部因素等各方面的刺激（S）会引发用户心理、情感和认知等方面的活动（O），进而促使用户产生一定的行为反应（R）。而 S-O-R 模型已被广泛并有效地用于阐释用户面向情境刺激时的心理反应和行为反应。

早期的研究将 S-O-R 框架应用于实体消费情境中，如零售店或服务环境；并探讨情境线索如何影响用户的状态以及行为反应（Baker et al.，1992；Donovan and Rossiter，1982）。通过整合前人的研究成果，Fiore 和 Kim（2007）提出一个影响传统商务活动的整合的 S-O-R 模型。在该模型中，刺激（S）包括环境因素、设计因素和社会因素，有机体（O）包括情感状态、认知状态和价值感知，反应（R）包括行为动机、满意和忠诚度等。随后，随着网络的快速发展，不少研究在不同的在线情境下验证了 S-O-R 框架的适用性与有效性，如在线零售、在线冲动购买、在线投标、在线广告等。Floh 和 Maria Madlberger（2013）将 S-O-R 框架应用到在线冲动购买情境，证实了购物愉悦性和冲动性（O）对商店氛围（内容、设计与导航）（S）与用户行为（冲动购买与消费）（R）之间的关系的中介作用。Chang 和 Chen（2015）将情境因素感知的时间压力和感知的竞争视为刺激，将享乐性动机和功利性动机视为有机体，将冲动性投标和投标满意视为反应。研究结果发现，感知的竞争显著影响用户动机，进而显著影响投标满意；感知的时间压力则只对功利性动机产生显著影响；此外，享乐性动机对冲动性投标产生正向影响，而功利性动机则对其产生负向影响，这进一步负向作用于投标满意。

针对441名用户的调查，Chang等（2014）证实了在线购物情境下站点美学（S）通过情感（O）来影响用户购买行为（R）。Mummalaneni（2005）认为，在线购物环境的气氛正向影响用户忠诚，购物情感状态（愉悦和唤起）正向影响用户满意以及用户忠诚。基于S-O-R框架，Jian等（2015）提出，在线广告情境下的消费者的行为反应能够归类为四种类型：积极的接近行为，消极的接近行为，积极的避免行为，消极的避免行为；此外，在线广告的设计特征可以归类为三维框架：广告内容、广告形式和广告行动；进一步，通过探索性的研究证实了上述归类的有效性。Hsieh等（2012）利用S-O-R框架探讨多渠道顾客如何评价整体满意以及这些满意形成的前因。针对台湾地区银行顾客的实证研究显示，多渠道环境下的整体满意是保留顾客和顾客参与的关键要素；而感知的服务质量正向影响用户满意，感知的渠道转移困难负向影响用户满意。武瑞娟和王承璐（2014）利用S-O-R框架来探讨网店专业性对消费者愉快和唤起情感以及接近行为的影响效应。研究结果发现，网店专业性显著影响消费者愉快和唤起情感；享乐价值对网店专业性与愉快的关系起着调节作用；卷入、环境反应性、实用价值和享乐价值则对网店专业性与唤起的关系起着调节作用；此外，在网店专业性与接近行为关系中，愉快和唤起情感起完全中介作用。

近年来，有学者尝试将S-O-R框架应用于社会化商务情境中，如社会化购物、移动购物、团购、内容分享平台等。在社会化商务情境下，刺激（S）可能包含更广泛的要素，如任务相关和情绪相关的要素以及社交性要素（Parboteeah et al.，2009；Zhang et al.，2014）。Zhang等（2014）将社会化商务的技术特性（感知的交互性、感知的个性化、感知的社交性）看成环境刺激（S），将用户的虚拟体验（社会支持、社会存在、流动感）看成有机体（O），将社会化商务意愿看成反应（R），并证实了三者之间的相互关系。Li等（2012）将便利性、媒介丰富性、主观规范和自我效能视为刺激要素，将情感视为有机体，将移动情境下的消费体验视为反应。研究结果发现，媒介丰富性和主观规范显著影响用户情感，并进一步影响用户的移动消费体验。

2.6.2　S-O-R模型的适用性

以往的大多数研究将S-O-R模型应用于购物环境下的用户行为，揭示各种内（外）在刺激要素所发挥的作用，如环境氛围、站点设计等。而在学术博客情境下，也存在类似的刺激要素，如站点设计是否具有美感，用户是否感知到交互性等。这些刺激在一定程度上会影响用户的认知或情感反应，如用户是否产生愉悦感，是否形成沉浸感等，进而对用户行为产生作用，即用户对学术博客是否满意，是否愿意继续使用等。基于此，尝试基于 S-O-R 模型来探讨学术博客情境下不同的刺激要素如何对有机体产生作用，进而影响用户的不同反应，是可行且有必要的。

2.7　交互性模型

2.7.1　交互性模型概述

交互性是一个复杂的概念（Liu and Shrum, 2002），学者对交互性的定义仍然没有达成一致。基于 20 年的相关研究文献，McMillan 和 Hwang（2002）从流程、特征、感知以及整合这四个维度对交互性的定义进行归纳总结。

（1）关注流程的定义。如 Louisa 和 James（1998）提出，交互性是"交流者和听众对各自交流需要的响应程度或愿意促进各自的交流需要的程度"；Pavlik（1998）认为，交互性意味着"信息源和接收者之间的双向交流，或者任意数量的信息源和接收者之间的更宽泛的多方向的交流"。

（2）关注特征的定义。如 Straubhaar 和 LaRose（1996）认为交互性涉及这样的情境："实时反馈来自于一个交流渠道中的接收者，并被信息源用于持续修改将要传递给接收者的信息。"

（3）关注感知的定义。如 Kiousis（1999）提出，交互性涉及"用户感知到体验是人际交流的一种仿真并增加其远程呈现的意识的能力"。

（4）整合定义。如 Heeter（1989）认为交互性包括选择的复杂性、用户必须付出的努力、对用户的响应、管理信息使用、增加信息的便利性以及对人际交流的促进。

可以看出，交互性是一个多维概念。而 McMillan（2002）将交互性划分为三个维度：人-人交互，人-文档交互以及人-系统交互；其中，人-人交互依赖于人际交流，探讨个体间的互动；人-文档交互强调个体如何"与文档以及创建这些文档的人进行互动"；人-系统交互关注人机交互，探讨用户控制。

感知的交互性是交互性的一个子集。McMillan 和 Hwang（2002）认为，从感知视角来分析交互性能够更容易理解交互性的效果，即个体感知到某对象是交互的；或者说，当测量交互性的层次时，用户如何感知和/或体验技术特征比这些特征的提供更重要（Lee，2000）。如交互性的定义一样，学者对感知的交互性的定义也没有达成一致。Newhagen 等（1995）认为，感知的交互性是"信息发送者对其自身以及接收者的交互性的一种心理上的感觉"。Thorson 和 Rodgers（2006）将感知的交互性定义为"用户感知其体验作为人际交互的刺激和感觉他们作为社会他人的一种存在的程度"。

而感知的交互性也涉及不同的维度。Burgoon 等（2000）提出三个相关维度，交互涉入、相互关系及个性化；其中，交互涉入指用户感知到他们在认知上、情感上以及行为上参与到交互中的程度，相互关系指用户感知并创建一种关系连接的程度，个性化指用户感知他们拥有丰富的、详细印象的他人身份的程度。McMillan（2002）认为感知的交互性包括三个重叠的维度：交流的方向，用户控制和时间。Zhao 和 Lu（2012）从四个维度探讨感知的交互性：控制、趣味性、连接和响应；其中，用户控制关注对技术属性的感知，趣味性涉及个体感知与他人交互所带来的愉悦感，连接体现了用户与他人相连接的感觉，响应反映了个体感知到他人对其信息的回复的速度和频率的程度。

不少学者认为，交互性是影响用户对信息系统的反应的关键要素（Agarwal and Venkatesh，2002）。也有学者将交互性看成是评价一个信息系统的质量与成功的重要标准（Palmer，2002）。已有研究从交互性视角出发阐释不同情境下的信息系统用户行为。有学者探讨交互性对传统站点以及 Web 2.0 平台等使用行为（如信息处理、持续意愿、在线讨论）的影响。Sicilia 等（2005）的实验结果显示，交互性的站点能够引起更多的信息处理，对产品和站点更高的喜爱以及更大的沉浸感体验。Zhao 和 Lu（2012）认为，感知的交互性（控制、趣味性和连接）正向影响用户满意，进而影响微博服务的持续使用意愿；而感知的网络大小和感知的互补性则对感知的交互性产生正向作用。Lu 等（2010）认为，不同类型的交互性，即人–机交互、人–信息交互和人–人交互，均正向影响沉浸感和满意，进而影响信息共享行为；且上述关系存在性别差异。Shih 和 Huang（2014）认为，感知的交流与感知的控制均显著影响感知的联结，进而对在线讨论的质量产生正向影响。也有学者解释不同类型的交互性对在线购物用户行为（如购买意愿、在线忠诚）的影响。针对 186 名参与者的实验研究，Jiang 等（2010）发现，具有高等次的积极控制的站点能够引起认知涉入，有些情形下也会引起情感涉入；而针对功能性产品的购买，具有互惠交流的站点能够引起认知涉入；此外，站点涉入的增加能够促进更高的购买意愿。Cyr 等（2009）提出，感知的交互性正向影响效率、效果、愉悦感和信任，进而影响用户对站点的在线忠诚。Yoo 等（2010）探讨在线购物环境下三个维度的交互性和感知的消费者价值影响之间的关系。针对 427 名参与者的调研发现，同步性影响功利性价值，双向性影响享乐性价值，而功利性价值和享乐性价值均显著影响用户满意。Wu 和 Chang（2005）针对 286 名在线旅游社区用户的实证调研发现，机器交互性、能力、正直显著影响愉悦感，进而影响交易意愿；而机器交互性、个人交互性显著影响时间失真。Kirk 等（2012）探讨数字信息产品情境下交互性、消费者满意和采纳意愿之间的关系。实证研究显示，在享乐性情境中，消费者更愿意采纳交互性书籍而非传统的静止的电子书籍；而对交互性的满意感受到消费者年龄的调节，年龄较大的数字移民对静止的电子书籍更加满意，而较年轻的数字移民则对交互性书籍更加满意；而当消费者发现纸质产品的有用性较低时，他们更倾向于采纳交互性的电子书籍，这一效果也受到年龄的调节。此外，有学者尝试阐释从交互性视角出发新兴的移动商务用户行为。Lee（2005）认为，用户控制、反应、个性化、连接性、泛在连接、情境均正向影响信任，进而影响使用移动商务的态度和行为意愿。

2.7.2 交互性模型的适用性

作为一种社会-技术系统，学术博客是一个由技术构件和社会构件组成的、支持人际交流和人机交流的虚拟空间。而交互性设计是学术博客成功以及持续发展的关键要素。例如，学术博客用户发表了一篇博文后，往往希望能够得到其他用户的注意并进行评论，以便与其他用户有更多的互动；又如，学术博客用户希望能够按照自己的想法和意愿来对自己的主页面进行设计和布局，以促使个人主页能够凸显出自己的特性，甚至代表自己的在线形象；再如，学术博客用户往往希望平台能够对自己的请求作出及时的、快速的反应，这反过来将为其带来好的用户体验。因此，交互性模型能够阐释学术博客情境下的用户行为，从而深入挖掘学术博客的交互性在促进用户行为的过程中所发挥的重要作用。

2.8 沉 浸 理 论

2.8.1 沉浸理论概述

沉浸理论（flow theory）由 Csikszentmihalyi（1975）在 20 世纪 70 年代首先

提出。Csikszentmihalyi（1975）提出，沉浸感是指"当人们完全涉入某项活动时所感觉到的整体体验"。Csikszentmihalyi（1990）进一步强调，沉浸感是这样一种状态："人们如此沉浸到一个活动中以至于其他都似乎无关紧要；体验本身是如此有趣以至于人们甚至愿意以最大的成本仅仅去从事这一活动。"而沉浸感的特征则体现在：由机器交互促进的响应的无缝性；内在的愉悦感；自我意识的丧失；自我增强感（Hoffman and Novak，1996）。可以说，沉浸感代表了用户的一种最佳体验。在参与某项活动时，如果用户技能大于活动挑战，用户会感觉厌倦；如果活动挑战大于用户技能，用户会觉得焦虑；而如果技能和挑战都低于临界值，用户会感觉没兴趣。只有当用户的技能与所接受的挑战超出了临界值，且达到平衡时，用户才会体验到沉浸感（Finneran and Zhang，2005）。

沉浸感这一概念以及沉浸理论被提出之后，它们就受到学者的广泛关注和重视。不同学科的学者对沉浸感作出不同的界定。Privette 和 Bundrick（1987）认为"沉浸感是一种内在享受的体验"。Lutz 和 Guiry（1994）将沉浸感描述为"（用户）完全沉溺其中……时间似乎被看成是静止的，没有其他事情看起来更重要"。Ghani 和 Deshpande（1994）则提出沉浸感的两个重要特征包括"对于某件事情的全神贯注，以及来源于这种行为的快乐感"。

与此同时，不同学者对沉浸感的维度进行了不同的划分。例如，Csikszentmihalyi（1975）认为沉浸感包括控制、注意力、好奇心和内在的兴趣。Koufaris（2002）将沉浸感划分为感知的愉悦感、感知的控制和注意力聚焦。Chen 等（2008）提出沉浸感涉及控制、专注、好奇心和兴趣。Hausman 和 Siekpe（2009）则认为沉浸感包括挑战、专注、控制和愉悦感。

已有研究将沉浸理论应用于不同情境来阐释用户行为，如在线服务、在线教育、即时通信、社交网络、移动环境等。不少学者应用沉浸理论来解释在线环境下的各类服务，如在线酒店预订、在线教育等，提出在线环境下用户能够感受到沉浸感，而沉浸感能够促进用户产生最佳的体验，进而导致用户的忠诚。Novak 等（2000）等将沉浸感定义为用户在导航时所体验的一种认知状态，而沉浸感由以下因素决定：高层次的技巧与控制，高层次的挑战和唤起，集中的注意力，通过交互性和临场感得以增强。基于已有的文献，Mahnke 等（2015）揭示访问站点时促进沉浸感形成的理论机制以及形成沉浸感的具体的站点设计要素。Bilgihan 等（2015）探讨在线酒店预订站点中在线顾客体验和沉浸感的概念及其对顾客忠诚的中介作用。研究结果发现，站点的享乐性特征和效用性特征正向影响沉浸感体验，且享乐性特征的作用更大；此外，当顾客体验了沉浸感后，他们会产生一种对站点的信任。Joo 等（2015）提出，自我效能和指导性设计显著影响沉浸感，而自我效能、内在价值和沉浸感显著影响学术成就感；此外，沉浸感对自我效能、指导性设计与学术成就感起着中介作用。Esteban-Millat 等（2014）提出，时间失真和专注的注意力是产生沉浸感的最重要的前因；环境所带来的调整是形成体验的间接要素；而其他要素，如个性化，也对体验的形成产生影响。也有学者将沉浸理论用于解释新兴的社交媒体环境下的用户行为，如在线购物、即时通信、移动社交网络等。Shim 等（2015）发现，有技巧的消费者更容易达到在线沉浸感的状态，且消费者感知到的给定任务的挑战程度能够对技巧与在线沉浸感之间的关系起调节作用；此外，在线沉浸感正向影响感官与认知的品牌体验，进而影响品牌忠诚度。Zaman 等（2010）针对即时通信服务的调研发现，临场感和感知的专注显著影响沉浸感体验，进一步通过积极的情感和解释行为来影响感知的预期创造力。Chen 等（2008）探讨两类交流媒介——E-mail 和即时通信，如何影响沉浸感和交流结果之间的关系。研究结果发现，E-mail 组的用户似乎拥有更高的交流质量和有效性；此外，对 E-mail 来说，沉浸感和交流结果之间存在显著的关系。Zhou 等（2010）提出，信息质量和系统质量显著影响用户信任和沉浸感体验，进一步影响用户对移动社交网络的忠诚；而沉浸感体验对用户忠诚的作用最大。

2.8.2　沉浸理论的适用性

作为一个互动性很强的虚拟空间来说，学术博客能够促进用户在使用过程中形成沉浸感。例如，很多用户在阅读他人的博文时，经常忘记了时间，实际停留的时间往往比预期要多很多。也有不少用户在与他人的在线交流过程中，忘记了周围的环境，感觉时间过得很快。实践表明，学术博客用户确实能够在使用过程中体验到沉浸感，而这些沉浸感也能影响其进一步的行为。因此，借鉴沉浸理论来阐释学术博客情境下的用户行为，能够很好地揭示用户的内在心理状态对其行为形成所发挥的作用。

本 章 小 结

综上所述，不同理论对学术博客用户行为的研究具有不同的参考意义。考虑到研究主题的跨学科性质，本书将综合使用多个相关理论。如表 2.2 所示，归纳总结上述不同理论对学术博客用户行为的不同影响。

表 2.2　学术博客用户行为研究的主要理论基础

理论	主要观点	核心概念	对学术博客用户行为的影响
动机理论	人们出于一定的动机而执行某一行为；通常，存在两种类型的动机：外在动机与内在动机	内在动机：执行某一行为是因为行为本身的内在满意。外在动机：执行某一行为是因为它能够有一定的结果产出	对学术博客用户而言，用户行为的产生受到不同动机的驱使。针对不同的行为，如知识交流与共享，知识获取等，学术博客用户行为往往表现出不同的行为。例如，用户浏览博客可能是为了搜寻某些信息，也可能是为了了解某个知名博主，抑或是为了消磨时间。而用户在博客中共享信息可能是为了发挥所长来帮助他人，也可能是为了引起他人的关注从而获得一定的声誉。又如，当他们倾向于消磨时间时，他们倾向于使用学术博客。或者，当用户认为长来帮助他人，他们倾向于使用学术博客的过程很有趣时，他们会继续使用学术博客
社会交换理论	社会行为的持续发展依赖于相互之间的强化，依赖于交互双方彼此从对方所得的收益与付出的代价的比值；社会交换涉及人际关系中的行为、心理等方面的交换；社会交换理论包括4个关键要素：交换主体，交换资源，交换结构和交换过程	社会交换理论可以用一个公式来阐释：收益(reward, R)－成本(cost, C)＝结果(outcome, O) 当交互双方所得的结果(O)均为正时，则交互行为将持续进行；如果交互双方一方的结果为负，则交换行为会受到影响	在学术博客社区中，用户行为，如知识交流与共享行为，知识获取行为等，都可以看成是一种双方交换的行为，即用户与社区之间的交换。当用户积极参与到社区活动中时，他们需要付出一定的成本，包括撰写博文以贡献信息所花费的时间和精力等；同时，他们可能会获得一定的收益，如声誉的获得，感知的愉悦感，乐于助人与利他主义，自我身份认同等无形收益 另外，学术博客情境下，用户行为更多的是一种自发性的行为。用户自主选择是否发布个人的基本信息，撰写个人的科研体会等。这种情形下，信任就发挥着很重要的角色。对其他成员的信任，对博客服务提供商的信任等会影响用户的知识交流与共享，知识获取等行为

续表

理论	主要观点	核心概念	对学术博客用户行为的影响
信任相关的理论	信任行为意味着当个体拥有部分信息使其相信他人的良好意愿时，个体允许自己处于一种潜在的脆弱的位置；而信任存在的必要条件是风险以及可能值得信任的他人或情境的部分信息	信任：当双方的社会交换显示出信守诺言的能力和对关系的承诺时，双方将逐渐建立起信任 在线信任：对在线情形下个体的脆弱不会被利用的一种自信期望的态度 信任是多维的，它由三个独特的因素构成：能力、善行和正直	对学术博客用户而言，信任对用户是否愿意采纳学术博客站点，进行知识交流、知识共享等行为发挥着重要的作用。已有研究表明，信任能够降低用户感知到的风险，能够直接或间接地促进用户行为。当用户信任学术博客服务提供商时，他们只需轻轻一点就可以快速地跳转到另一个相似的平台。反之，他们倾向于选择使用其所提供的平台。与此同时，用户也需要相信其他成员不会滥用有关个人隐私的信息，这样就可以快速地跳转到另一个相似的平台，用户也更愿意相信其他成员不会滥用有关个人隐私的信息，或在研究成果发表前，意利用学术博客来探讨其正在开展的研究，共享研究数据与结论
期望-确认理论（ECT）	满意感和感知有用性（一种认知信念）直接影响用户满意感 IS持续使用意向 感知有用性正向影响用户满意意向 确认对感知有用性和用户满意感产生正向影响	满意感：使用者实际使用 IS 后产生的影响 感知有用性：使用者对 IS 可获得的利益的期望 确认：使用者对 IS 使用前的期望与使用后的实际绩效之同的落差认知 IS 持续使用意向：使用者持续使用 IS 的倾向	作为一种特定的信息系统，用户在采纳学术博客之前，往往也抱有一定的期望，如自由地表达自我的想法，与有共同研究兴趣的科研人员建立志同道合的学者、获得他人的帮助，贡献自己的科研经历与体会等等。而当使用一段时间之后，学术博客用户会有意识或无意识地对其使用绩效进行判断，评价其最初的使用期望是否得到了满足。如果用户的期望得到了满足，那么用户可能会不再继续使用，并产生继续使用学术博客的意愿，这将有助于用户对学术博客产生满意感，或者用户继续使用的意愿。另外，当用户认为学术博客的使用对其学习、工作等有用时，用户也会倾向于继续使用

续表

理论	主要观点	核心概念	对学术博客用户行为的影响
S-O-R模型	刺激（S）会影响用户的认知或情感反应（O），进一步影响用户的行为（R）。环境的内部与外部因素等各方面的刺激（S）会引发用户心理、情感和认知等方面的活动（O），进而促使用户产生一定的行为反应（R）	刺激（S）涉及来自用户自身的生理、心理因素以及外部环境因素等方面的刺激；有机体（O）是指刺激与行为之间所发生的内部过程，包括不同的心理的、情感的和认知的活动；反应（R）是指用户行为，如购买行为、在线交流、重复购买意愿等	在学术博客情境下，也存在类似的刺激要素，如站点设计是否具有美感，用户的认知或交互性等。这些刺激在一定程度上会影响用户的认知或感知到情感反应，如用户是否产生愉悦感，是否形成沉浸感等，进而对用户行为产生作用，即用户对学术博客是否满意，是否愿意继续使用等
交互性模型	交互性包括三个维度：人-人交互、人-文档交互以及人-系统交互。其中，人-人交互依赖于人际交流，探讨个体间的互动。人-文档交互强调个体如何"与文档进行互动"。人-系统交互关注人如何与这些文档的人进行交互，探讨系统交互关注人机交互，用户控制。当测量交互性的层次时，用户如何感知和感知体验特征更重要，比这些特征的提供更重要	交互性：可从流程、特征、感知以及整合四个方面进行定义；感知的交互性：用户感知其体验作为人际交互的刺激和感觉他们作为社会人的一种存在的程度	作为一种社会-技术系统，学术博客是一个由技术构件和社会构件组成的，支持人际交流以及人机交流的虚拟空间。而交互性设计是学术博客成功以及持续发展的关键要素。例如，学术博客用户发表了一篇博文后，任任希望用户有更多的互动，以便与其他用户能够得到其他用户的注意并进行评论；又如，学术博客用户希望能够按照自己的想法和意愿来对自己的主页进行设计和布局，以促使个人主页能够凸显出自己的特性，甚至代表自己的在线形象；再如，学术博客用户在任希望平台能够对自己的请求作出及时的、快速的反应，这反过来将为其带来美好的用户体验

续表

理论	主要观点	核心概念	对学术博客用户行为的影响
沉浸理论	沉浸感是这样一种状态："人们如此沉浸到一个活动中以至于其他一切都似乎无关紧要；体验本身是如此有趣以至于人们甚至愿意以最大的成本去从事这一活动。"沉浸感代表用户使用的一种最佳体验	沉浸感：当人们完全涉入某项活动时所感觉到的整体体验	作为一个互动性很强的虚拟空间，学术博客能够促进用户在使用过程中形成沉浸感。例如，很多用户在阅读他人的博文时，经常忘记时间，实际停留的时间往往比预期要多很多，也有不少用户在与他人的在线交流过程中，忘记了周围的环境，感觉时间过得很快。实践表明，学术博客用户确实能够在使用过程中体验到沉浸感，而这些沉浸感也能影响其进一步的行为

资料来源：王伟军和甘春梅，2010

第3章 理论模型与研究假设

为了回答第1章提出的研究问题，本章将根据实际的研究情境，整合已有的相关理论，构建理论模型并提出相应的假设。具体来说，本章的思路如下：首先，分析研究的整体研究框架。其次，基于已有理论分别构建不同的理论模型。基于信任相关的理论构建学术博客采纳意愿的理论模型，基于动机理论、社会交换理论和公共物品困境理论构建学术博客采纳行为的理论模型，基于期望–确认理论、S-O-R 模型、交互性模型和沉浸理论分别构建学术博客持续意愿的三个理论模型。再次，对各理论模型中涉及的变量进行界定。最后，基于各理论模型分别提出相应的假设。

3.1 理论模型的构建

3.1.1 研究框架

研究旨在探讨学术博客用户行为。学术博客用户行为涉及不同类型，包括采纳前行为（采纳意愿）、采纳行为和采纳后行为（持续意愿）。因此，研究拟分别关注学术博客采纳意愿、学术博客采纳行为以及学术博客持续意愿这三类不同的行为。已有研究针对上述三类行为提出不同的理论予以解释。结合研究目的以及实际的学术博客这一研究情境，拟基于不同的理论来构建理论模型，以更好地揭示学术博客用户的不同行为。

图3.1 显示了研究的整体框架。

3.1.2 学术博客采纳意愿模型的构建

什么因素影响学术博客用户的采纳意愿？已有研究和实践均表明，信任能够影响用户对信息系统的采纳。因此，研究拟尝试从信任视角出发揭示影响学术博客采纳意愿的因素。基于信任相关的理论，研究不仅关注不同类型的信任对学术

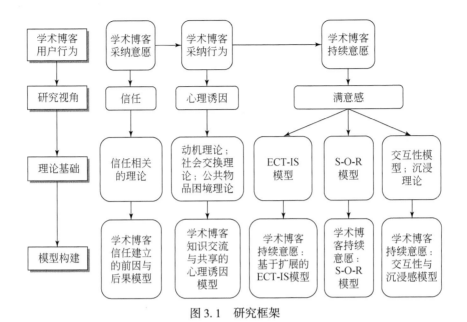

图 3.1　研究框架

博客用户采纳意愿的影响（信任的后果），同时关注不同类型的信任形成的机制（信任的前因）。

　　Ridings 等（2002）提出，知识获取与知识共享是两种不同的采纳行为。因此，本研究将学术博客采纳意愿划分为两类：获取意愿和共享意愿。而在线环境下的信任通常包括两种类型：对成员的信任和对服务提供商的信任。这两种类型的信任在学术博客情境下也都存在，并对用户采纳意愿产生影响。因此，本研究同时考虑这两种类型的信任对学术博客采纳意愿的作用。此外，已有文献提出信任形成的不同影响因素。结合学术博客的特性，学术博客环境下信任形成的影响因素包括：基于知识的熟悉、基于认知的声誉、基于制度的结构保证和基于个人特质的信任倾向（Gefen et al.，2003；Gefen，2000；McKnight et al.，1998）。本研究拟重点阐释这四类因素如何影响学术博客用户信任的形成。

　　图 3.2 显示了学术博客采纳意愿的理论模型。从信任建立机制这一角度揭示学术博客环境下信任形成的前因，进一步阐释信任形成的后果：用户获取信息/知识的意愿以及用户共享信息/知识的意愿。

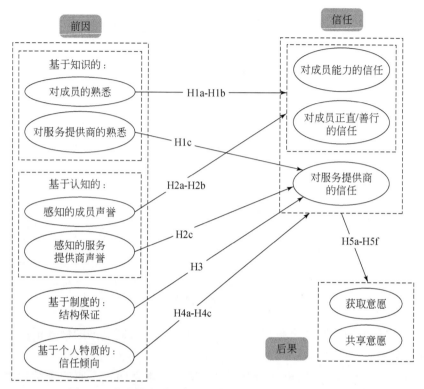

图 3.2 学术博客采纳意愿：信任建立的前因与后果模型
资料来源：甘春梅和王伟军，2014；2015b

3.1.3 学术博客采纳行为模型的构建

什么因素影响学术博客用户的采纳行为？已有研究揭示了不同的动机因素对信息系统用户采纳行为的影响，主要涉及技术、个体与组织层面的因素。而研究与实践表明，在线环境下，基于个体心理诉求的内在激励措施对促进个体行为（如知识共享）更为重要（Osterloh and Frey，2000），即心理层面的因素在很大程度上将影响信息系统用户的采纳行为。因此，研究拟从心理诱因视角出发，揭示学术博客用户采纳行为的影响因素。特别地，研究同时关注促进因素和阻碍因素，以深入阐释用户愿意或不愿意采纳学术博客进行知识交流、知识共享等行为的动因。

社会交换理论提出，用户通过贡献自身知识往往能够获得一定的预期收益。

在科研领域，这一收益可以是学术声誉或学术地位等，这将促进用户知识交流与共享行为的产生。然而，知识可以无限复制，并被同时使用，因此知识具有很强的"公共物品"性质。奥尔森"搭便车"理论认为，公共物品一旦存在，每个社会成员不管是否对这一物品的产生做过贡献，都能享受这一物品所带来的好处。即个体将知识贡献出来后，其他人可以通过"搭便车"行为获益，但却不支付费用（何英和黄瑞华，2006）。而公共物品能否被大家分享依赖于成员自愿的贡献行为；公共物品困境则是指个体是否对公共物品的提供作出个人贡献的困境（Daews，1980）。这一困境导致个体由于害怕成果知识产权或自身独特价值等的丧失而不愿意与他人交流并共享学术知识。可以说，动机理论、社会交换理论和公共物品困境理论这三个理论从个体心理维度真正揭示了用户采纳行为的心理诱因，从而为研究提供了有力的框架。因此，本书将整合动机理论、社会交换理论以及公共物品困境理论，尝试构建学术博客采纳行为的理论模型。

　　研究重点考虑知识交流与共享行为这一普遍的学术博客采纳行为。基于已有的文献，提出乐于助人、声誉、人际信任这三个促进因素，以及私欲、忧虑感和价值怀疑这三个阻碍因素；同时，也将探讨人际信任的调节作用。图 3.3 为描述学术博客采纳行为的理论模型。

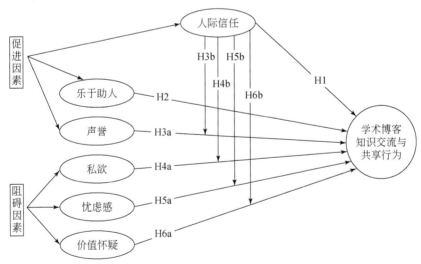

图 3.3　学术博客采纳行为：知识交流与共享的心理诱因模型

资料来源：甘春梅等，2012

3.1.4　学术博客持续意愿模型的构建

什么因素影响学术博客用户的持续意愿？不少研究已经证实了满意感在促进信息系统用户持续意愿方面的关键作用。因此，研究拟从满意视角出发揭示学术博客持续意愿的影响因素。进一步，为了深入阐释满意的作用机理，研究也将探讨影响用户满意形成的不同因素。

1. 学术博客持续意愿：基于拓展的 ECT-IS 模型

Bhattacherjee 提出的 ECT-IS 模型能够很好地阐释用户持续使用某一信息系统意愿的影响因素，揭示感知有用性与期望确认这些理性要素所发挥的重要作用。但该理论最初起源与应用的情境是工作场合的信息系统；而学术博客的使用与工作场合信息系统的使用，如使用环境、使用动机等存在很大的不同。在ECT-IS 模型的基础上，将同时关注非理性因素对持续意愿的影响。

研究与实践表明，愉悦感和感知的价值是影响信息系统用户持续意愿的重要因素。因此，在 ECT-IS 模型的基础上，尝试引入愉悦感和感知的价值，以深入揭示 ECT-IS 模型在学术博客情境下的适用性以及享乐型要素对学术博客用户满意感和持续意愿的影响。

图 3.4 描述了扩展的 ECT-IS 视角下的学术博客持续意愿的理论模型。

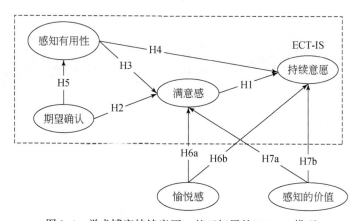

图 3.4　学术博客持续意愿：基于拓展的 ECT-IS 模型

2. 学术博客持续意愿：S-O-R 模型

S-O-R 模型很好地揭示了各种刺激性要素对用户认知或情感上反应的影响，及其进一步对用户行为反应的影响。不少研究提出站点设计、情境线索等刺激对用户的愉悦、唤起等不同情感的作用，进而对用户参与、持续意愿等不同用户反应的影响。因此，尝试将 S-O-R 模型应用于学术博客情境，以深入挖掘内外部刺激对学术博客用户心理感知以及持续意愿的作用机理。

本书将美感和交互性看成是刺激性要素（S），将愉悦感和沉浸感看成是有机体要素（O），将满意感和持续意愿看成是反应性要素（R）。在此基础上，构建如图 3.5 所示的学术博客持续意愿的理论模型。

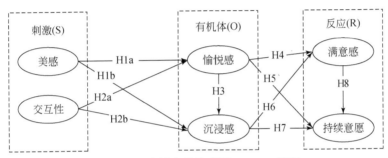

图 3.5　学术博客持续意愿：S-O-R 模型

3. 学术博客持续意愿：交互性和沉浸感模型

作为实现 Web 2.0 核心价值（即协作与共享）的功能之一（Lu et al.，2010），交互性也日益受到学界的关注。已有研究发现，交互性能够促进用户沉浸感和满意感的产生（Sicilia et al.，2005；Lu et al.，2010）。不少研究也提出，沉浸感能够显著地影响用户对信息系统的持续使用意愿和满意感（Rettie，2001；Zhou and Lu，2011）。因此，拟从交互性和沉浸感这两个视角出发揭示交互性和沉浸感对用户满意感所产生的作用，及其进一步对学术博客持续意愿的影响。

Lu 等（2010）认为，存在三种类型的交互性：人–人交互，人–文档交互和人–系统交互。在学术博客情境下，人–人交互和人–系统交互在支持知识交流与共享、促进人际交流等方面更为重要。其中，人–人交互，即社会性交互，关注人际交流以及用户对内容的响应；人–系统交互，即机器性交互，则强调平台的技术特征（Zhao and Lu，2012）。基于已有的研究结论，可将这两个维度的交互性进一步细分为：感知的控制、感知的连接和感知的响应。

图 3.6 显示了交互性和沉浸感视角下的学术博客持续意愿的理论模型。

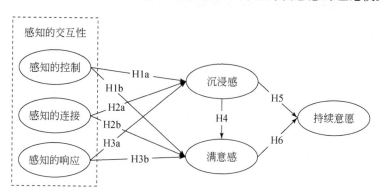

图 3.6 学术博客持续意愿：交互性与沉浸感模型

3.2 变量的定义

本书拟关注三类不同的学术博客用户行为，所构建的理论模型中涉及不同的变量。其中，学术博客采纳意愿模型涉及的变量有获取意愿、共享意愿、对服务提供商的信任、对成员正直/善行的信任、对成员能力的信任、对成员的熟悉、对服务提供商的熟悉、感知的成员声誉、感知的服务提供商声誉、基于制度的结构保证和基于个人特质的信任倾向；学术博客采纳行为涉及的变量有知识交流与共享行为、人际信任、乐于助人、声誉、私欲、忧虑感和价值怀疑；学术博客持续意愿涉及的变量有持续意愿、满意感、感知有用性、期望确认、愉悦感、感知的价值、美感、感知的交互性、沉浸感、感知的控制、感知的连接、感知的响应。

3.2.1 学术博客采纳意愿相关的变量

表 3.1 描述了学术博客采纳意愿相关变量的定义。

表 3.1 学术博客采纳意愿相关变量的定义

变量	定义	来源
获取意愿	用户愿意从他人的博客或社区话题的讨论中寻找自己希望了解的信息/知识的程度，如学术领域动态或学术相关的建议等	Ridings 等（2002）

续表

变量	定义	来源
共享意愿	用户愿意撰写博客、参与评论或主题讨论、给他人提供帮助等知识贡献行为的程度	Ridings 等（2002）
对服务提供商的信任	相信学术博客服务提供商会尽力为用户着想，提供良好的服务并满足用户的需求，如为用户提供安全的网络环境（合适的技术结构和法律结构等），使其免受隐私泄露等困扰；未经允许不非法利用成员的个人信息等	Chai 和 Kim（2010）
对成员正直/善行的信任	相信成员能够遵守社区规范，作出符合社会化接受标准的行为，并愿意做好事，如不在社区中有意捣乱而影响他人的知识活动，愿意帮助、支持或关心他人等	Gefen （2000）；Ridings 等（2002）
对成员能力的信任	相信成员具有一定的知识和技能参与到学术博客活动中，如撰写博文，对所讨论的话题有足够的了解并有丰富的知识可以贡献等	Gefen （2000）；Ridings 等（2002）
对成员的熟悉	成员对学术博客社区中其他成员的了解，如了解其专业与研究领域、写作主题与风格等	Gefen（2000）
对服务提供商的熟悉	成员对所在的博客服务提供商的了解，如知道如何在该平台撰写博文、发表评论或参与讨论，如何搜寻相关信息等	Gefen（2000）
感知的成员的声誉	成员认为其他成员有影响力、有能力、令人尊重的程度，如成员在学术领域具有影响力，来自于知名的学术团体或机构	McKnight 等（2002）
感知的服务提供商的声誉	成员认为服务提供商是好的、值得信赖的程度，如博客站点所在的服务提供商具有良好的口碑、形象和影响力	McKnight 等（2002）
基于制度的结构保证	相信因保护性结构，如规章制度、声明与承诺等的存在而会促进活动的成功进行	McKnight 等（2002）
基于个人特质的信任倾向	基于个体持续的、长期经历的和社会化过程而形成的对他人的一般性依赖意愿；它反映了个人相信或不相信他人的一般倾向	Rotter （1971）；Ridings 等 （2002）；Gefen 等（2003）

1. 采纳意愿

信息系统采纳意愿是指用户打算使用信息系统执行特定行为的程度（Davis

et al.，1989）。在这些行为中，被学者关注较多的有信息搜寻行为、知识获取行为、知识交流行为和知识共享行为等。而 Ridings 等（2002）认为，知识获取与知识共享是两种不同的采纳行为。基于此，本书拟重点关注两类学术博客采纳意愿：获取意愿和共享意愿。

学术博客情境下，获取意愿是指用户愿意从他人的博客或社区话题的讨论中寻找自己希望了解的信息/知识的程度，如学术领域动态或学术相关的建议等（Ridings et al.，2002）；而共享意愿则是指用户愿意撰写博客、参与评论或主题讨论、给他人提供帮助等知识贡献行为的程度（Ridings et al.，2002）。

2. 信任

信任是这样一种潜在的信念：相信另一方不会有机会主义行为并不会趁机利用其所处的地位优势（Gefen，2000）。对成员的信任是指个体选择相信他人即使在有利的情形下，也不会产生机会主义行为的期望（Gefen，2000）。学术博客环境下，对成员的信任涉及两个维度：能力和正直/善行（Ridings et al.，2002）。其中，对成员能力的信任是指相信成员具有一定的知识和技能参与到学术博客活动中，如撰写博文，对所讨论的话题有足够的了解并有丰富的知识可以贡献等；对成员正直/善行的信任是指相信成员能够遵守社区规范，作出符合社会化接受标准的行为，并愿意做好事，如不会在社区中有意捣乱而影响他人的知识活动，愿意帮助、支持或关心他人等。

而对服务提供商的信任是指相信博客服务提供商是合适的（Zucker，1986）、可靠的（Kumar et al.，1995）与有道德的（Hosmer，1995）。对学术博客服务提供商的信任主要表现在相信该服务提供商会尽力为用户着想，提供良好的服务并满足用户的需求（Chai and Kim，2010）。例如，为用户提供安全的网络环境（合适的技术结构和法律结构等），使其免受隐私泄露等困扰；未经允许不非法利用成员的个人信息等。

3. 基于知识的熟悉

熟悉是指基于相互间的交互以及对他人行为的学习而使得人们主观上减少不确定性并简化与他人关系的一种方式（Gefen，2000）。基于知识的熟悉则是指基于不断累积的知识来对另一方有更多的了解，进而形成信任（Gefen，2000），如阅读、交互、反复的访问等。

对在线服务来说，基于知识的熟悉通常包括两种类型：对成员的熟悉与对服务提供商的熟悉。学术博客环境下，对成员的熟悉是指成员对社区中其他成员的了解，如了解其专业与研究领域、写作主题与风格等；对服务提供商的熟悉则是指成员对所在的博客服务提供商的了解，如知道如何在该平台撰写博文、发表评论或参与讨论，如何搜寻相关信息等。

4. 基于认知的声誉

声誉是指对某人/某物的特征或质量的整体评价。通常来说，具有良好声誉的组织/个体更容易被视为值得信赖的组织/个体。这是因为，声誉能够反映个体的专业能力、技能、善行或可预测性（Dasgupta，1988）。基于认知的声誉是指基于感知到的另一方的声誉，如另一方是有影响力的、令人尊重的来对其产生信任（McKnight et al.，2002）。

学术博客情境下，存在两种类型的声誉：感知的服务提供商的声誉与感知的成员的声誉。感知的服务提供商的声誉是指成员认为服务提供商是好的、值得信赖的程度，如博客站点所在的服务提供商具有良好的口碑、形象和影响力。感知的成员的声誉则是指成员认为其他成员有影响力、有能力、令人尊重的程度，如成员在学术领域具有影响力，来自于知名的学术团体或机构。

5. 基于制度的结构保证

结构保证是指相信因保护性结构如规章制度、声明与承诺等的存在而会促进活动的成功进行（McKnight et al.，1998）。基于制度的结构保证能够促使用户依靠规章制度或第三方的证明来形成信任。例如，学术博客平台提供一定的知识产权保护措施来避免用户对知识风险的感知。

6. 基于个人特质的信任倾向

信任倾向是基于个体持续的、长期经历的和社会化过程而形成的对他人的一般性依赖意愿（Rotter，1971；Ridings et al.，2002）。它反映了个人相信或不相信他人的一般倾向（Gefen et al.，2003）。

3.2.2　学术博客采纳行为相关的变量

表3.2描述了学术博客采纳行为相关变量的定义。

表3.2 学术博客采纳行为相关变量的定义

变量	定义	来源
知识交流与共享行为	学术博客用户通过撰写博文、发表评论、参与话题讨论等方式与他人交流与共享知识的行为	Hsu 等（2007）；Chai 和 Kim（2010）
人际信任	博主相信其他博主，并相信他们不会伤害或利用自己。例如，博主相信，在没有得到他/她允许的情况下，与其联系的其他博主不会使用自己的个人信息；即使有机会，其他博主也不会利用其发表的信息或成果	Nahapiet 和 Ghoshal（1998）；McKnight 等（1998）
乐于助人	个体通过交流与共享知识所感知到的满足感与愉悦感	Kankanhalli 等（2005）
声誉	博主通过在学术博客中交流与共享知识获得声誉和形象的提升的程度。例如，博主通过与他人交流与共享知识可以提高其在科研领域中的影响力；增加他人对自身的认知并提升自身形象	Constant 等（1996）；Kollock（1999）
私欲	获取他人有价值的知识或成果却不予以回报的欲望。例如，博主认为通过博客交流与共享知识会丧失其竞争优势；博主总是从他人博客中获取知识，自身却从未贡献过知识	Lu 等（2006）
忧虑感	由于使用学术博客进行知识交流与共享而产生的对失去独特价值或成果知识产权等的感觉。例如，博主认为通过交流与共享会丧失其在科研领域内的独特价值、知识权力等	Gray（2001）；Davenport 和 Prusak（1998）
价值怀疑	个体对自身在学术博客中交流与共享的知识是否有价值的怀疑程度。例如，博主认为其无法在博客中提供他人认为有价值或感兴趣的知识，或认为其在博客中交流与共享的知识都没有价值或他人都不感兴趣	Kalman（1999）

1. 信息采纳行为

信息系统采纳行为是指用户使用信息系统的行为。用户采纳信息系统后会产生不同类型的行为，如评论、浏览、交流与共享等。学术博客情境中，本书拟重点关注用户的知识交流与共享行为。这是因为，知识交流与共享行为在学术博客中普遍存在。而学术博客情境下的知识交流与共享行为是指学术博客用户通过撰写博文、发表评论、参与话题讨论等方式与他人交流与共享知识的行为（Hsu et al.，2007；Chai and Kim，2010）。例如，撰写并更新博客，评论他人的博文，反馈他人的评论等；而交流与共享的内容则涉及与学术科研有关的任何显性知识和经验、技能等隐性知识。

2. 促进因素

促进因素是指有助于学术博客用户进行知识交流与共享行为的影响因素。研究主要关注的促进因素包括人际信任、乐于助人和声誉。

在大多数管理文献中，信任被看成是系列特定的信念，包括另一方的正直、善良、能力（Gefen et al.，2003；Mayer et al.，1995）。也有学者提出信任是指一方相信并乐意依赖另一方（McKnight et al.，1998），愿意承担由另一方行为所带来的风险的程度（Tang et al.，2008）。结合学术博客这一特定情境，人际信任是指博主相信其他博主们，并相信他们不会伤害或利用他/她的信念。例如，博主相信，在没有得到他/她允许的情况下，与其联系的其他博主不会使用我的个人信息；即使有机会，其他博主也不会利用其发表的信息或成果（Nahapiet and Ghoshal，1998）。

乐于助人是指个体通过交流与共享知识所感知到的满足感与愉悦感（Kankanhalli et al.，2005）。当个体认为其所提供的知识对他人有帮助，并且他/她对帮助他人的行为感觉很好时，该个体就会产生分享行为（Kollock，1999）。

声誉是指博主通过在学术博客中交流与共享知识获得声誉和形象的提升的程度（Constant et al.，1996；Kollock，1999）。例如，博主通过与他人交流与共享知识可以提高其在科研领域中的影响力（Moore and Benbasat，1991）；增加他人对自身的认知并提升自身形象（Green，1989）。

3. 阻碍因素

阻碍因素是指不利于学术博客用户进行知识交流与共享行为的影响因素。研究主要关注的阻碍因素包括私欲、忧虑感和价值怀疑。

通常认为，私欲是指个人想获取最好的收益的欲望（Kollock，1998）或不付出成本而享受他人贡献的欲望；这往往成为公共物品贡献中非合作行为产生的主要原因（Rapoport and Eshed-Levy，1989；Yamagishi and Sato，1986）。在学术博客情境下，私欲是指获取他人有价值的知识或成果却不予以回报的欲望（Lu et al.，2006）。例如，博主认为通过博客交流与共享知识会丧失其竞争优势；博主总是从他人博客中获取知识，自身却从未贡献过知识。

忧虑感是指由于使用学术博客进行知识交流与共享而产生的对失去独特价值或成果知识产权等的感觉（Gray，2001）。例如，博主认为通过交流与共享会丧失其在科研领域内的独特价值、知识权力等（Davenport and Prusak，1998）。

价值怀疑是指个体对自身在学术博客中交流与共享的知识是否有价值的怀疑程度。例如,博主认为其无法在博客中提供他人认为有价值或感兴趣的知识,或认为其在博客中交流与共享的知识都没有价值或他人都不感兴趣(Kalman,1999)。

3.2.3 学术博客持续意愿相关的变量

表3.3描述了学术博客持续意愿相关变量的定义。

表3.3 学术博客持续意愿相关变量的定义

变量	定义	来源
持续意愿	用户继续使用学术博客的意愿	Bhattacherjee(2011)
满意感	用户对使用学术博客这一经历的感觉,如开心/失望、满足/沮丧等	Bhattacherjee(2011)
感知有用性	使用学术博客对自身有用的程度	Davis 等(1989)
期望确认	用户对使用学术博客的期望与其获取的实际效果之间一致性的感知	Bhattacherjee(2011)
愉悦感	通过使用学术博客所提供的服务而给用户带来的内在感受	van der Heijden(2003)
感知的价值	用户对使用学术博客所感知到的收益与成本之间的整体评价	Zeithaml(1988)
沉浸感	用户沉浸到学术博客中的一种心理状态;代表一种最佳体验	Csikszentmihalyi(1975)
美感	学术博客的设计在视觉上吸引用户以及传达一种清晰且独特形象的程度	Cai 和 Xu(2011)
交互性	丰富的内容、积极的信息和协作式交流的组合以创造更好的用户体验	Robb 等(1997)
感知的交互性	学术博客用户感知其体验作为人际交互的刺激和感觉他们作为社会他人的一种存在的程度	Thorson 和 Rodgers(2006)
感知的控制	在使用学术博客时,用户感觉到能够控制与他人的交互的程度	Zhao 和 Lu(2012)
感知的连接	在使用学术博客时,用户感知到与他人相连接的程度	Zhao 和 Lu(2012)
感知的响应	用户感知到他人对其使用学术博客行为的回应程度	Zhao 和 Lu(2012)

1. 持续意愿

Bhattacherjee（2001）认为，信息系统使用的持续意愿是指"用户继续使用信息系统的意愿"。Bhattacherjee（2001）同时提出，信息系统用户的持续意愿与消费者重复购买决定这一变量很相似，因为两者都紧跟在一个初始的采纳或购买决定之后，都受到初始使用经历的影响，并且都能够潜在地导致初始决定的事后改变。学术博客情境中，持续意愿是指用户继续使用学术博客的意愿；而用户持续使用学术博客的意愿受到用户初始使用经历的影响。例如，当学术博客用户在最初的使用经历中感觉到很满意时，用户倾向于继续使用；而当用户体验过不愉快的经历时，用户可能倾向于停止使用，或转向其他类似的服务提供商。

2. 满意感

满意感是指基于愉快/不愉快的持续性，用户对一个信息系统的不同使用体验的主观评价（Seddon，1997）。Oliver（1980）将满意感定义为"客户对某一产品或服务整体体验的评价和情感回应"。Oliver（1981）进一步将其延伸至消费情形下，认为满意感是指"客户购买前预期与购买后实际体验相比较之后形成的心理评价"。Bhattacherjee（2001）则认为信息系统使用的满意感为"使用者实际使用信息系统后产生的影响"。学术博客情境中，满意感是指用户对使用学术博客这一经历的感觉，如开心/失望、满足/沮丧等。例如，在使用学术博客的过程中，用户对所阅读的博文感觉到很满意；或用户对学术博客服务提供商所提供的各种服务感觉到很满意，等等。

3. 感知有用性

Davis 等（1989）将感知有用性定义为"使用者主观上认为使用某一特定的信息系统会增加其在组织中工作的绩效的可能性"。Bhattacherjee（2001）认为感知有用性是指"使用者对使用信息系统后可获得利益的期望"。学术博客情境中，感知有用性是指用户认为使用学术博客对自身有用的程度。例如，用户认为学术博客的使用有助于更好地记录自己的想法；有助于与他人分享自身的心得体会；有助于从中学习到新的知识；有助于结识志同道合的人，等等。

4. 期望确认

Oliver（1980）认为期望确认是指"客户购买某一产品或服务前的期望和购买后感受到的实际绩效相互比较后所产生的差异性认知"。Bhattacherjee（2001）将期望确认定义为"使用者对信息系统使用前的期望与使用后的实际绩效之间的落差认知"。借鉴 Bhattacherjee（2001）的定义，学术博客情境中的期望确认是指用户对使用学术博客的期望与其获取的实际效果之间一致性的感知。例如，如果用户使用学术博客是希望从中获得对自己有用的知识，那么，当用户在阅读他人博文时感觉到收获了有用的知识时，用户的期望则得到了确认；反过来，当用户对其使用一段时间后，感觉从中无法获得有用的知识，那么用户的期望则没有得到确认。

5. 愉悦感

van der Heijden（2003）认为，愉悦感是指用户从对某一产品或服务的使用中而感觉到的一种内在感受，而非任何预期的绩效结果。愉悦感与活动的积极体验相关；它体现了一种内在动机，意味着用户在使用过程中感觉到很享受（Davis et al.，1992）。借鉴 van der Heijden（2003）的定义，学术博客情境中的愉悦感是指通过使用学术博客所提供的服务而给用户带来的内在感受。例如，学术博客用户在与其他用户交流的过程中感觉到思维碰撞的乐趣或者思想上的共鸣；或者，用户在使用学术博客的过程中整体上感觉到一种乐趣，等等。

6. 感知的价值

Zeithaml（1988）将感知的价值界定为消费者针对一个具体的产品或服务所感知到的收益和成本之间的整体评价过程，即消费者的付出与消费者的收益之间的计算。感知的价值依赖于消费者自身的感知，体现了对提供给消费者的产品或服务的效用的整体评价（Parasuraman，2000）。感知的价值涉及不同的维度。例如，在整合前人研究结论的基础上，Cocosila 和 Igonor（2015）认为感知的价值包括以下四个维度：功能性价值或效用性价值、情感性价值或享乐性价值、经济性价值或金钱性价值、社交性价值。可以说，感知的价值整体上反映了用户认为使用某一产品或服务是否值得、有回报和有价值的程度。借鉴 Zeithaml（1988）的定义，学术博客情境中的感知的价值是指用户对使用学术博客所感知到的收益与成本之间的整体评价。例如，当用户投入了一定的时间和精力去撰写博文，同时博文受到其他用户的关注并与其进行进一步的互动时，用户更容易感觉到"物有所值"；而当用户辛苦撰写的博文没有得到其他用户的关注时，用户可能会感觉到一种"失落"。

7. 沉浸感

Csikszentmihalyi（1975）认为沉浸感是指"当人们完全涉入某项活动时所感

觉到的整体体验"。Lutz 和 Guiry（1994）则将沉浸感描述为"（用户）完全沉溺其中……时间似乎被看成是静止的，没有其他事情看起来更重要"。沉浸感代表了用户的一种最佳体验。当人们处于沉浸感状态时，人们完全被活动所吸引：人们如此沉浸到一个活动中以至于其他事物似乎无关紧要；体验本身是如此有趣以至于人们甚至愿意以最大的成本仅仅去从事这一活动（Csikszentmihalyi，1990）。借鉴 Csikszentmihalyi（1975）的定义，学术博客情境中的沉浸感是指用户沉浸到学术博客中的一种心理状态。例如，用户在使用学术博客时，感觉心思完全沉浸其中；感觉时间似乎过得很快，忘记了周围的环境，等等。

8. 美感

Mathwick 等（2001）认为，美感是指因实体本身的设计而给用户带来的一种吸引力。Cai 和 Xu（2011）提出，美感是站点的设计在视觉上吸引用户以及传达一种清晰且独特形象的程度。Hassenzahl 和 Tractinsky（2006）则将美感看成是一种非工具性的质量，是服务吸引力和交互性系统评价的一个重要方面。也有不少学者提出与美感相关的许多变量，如感知的吸引力（van der Heijden，2003）、视觉吸引（Lindgaard et al.，2006）、视觉影响（Demangeot and Broderick，2006）、站点呈现（Kim and Stoel，2004）等。Cai 和 Xu（2011）认为，虽然这些相似的变量在定义上有所侧重，但它们对交互设计中美感的特性达成一致：美感是一种有关设计原则和个体对象的整体感知；美感与注意力以及理解紧密相关；美感能够显著地影响用户认知和情感。而 Laviea 和 Tractinsky（2004）认为，存在两种类型的美感，即传统的美感和表达性的美感。其中，传统的美感强调有序与清晰的设计，与实用主义者所提倡的很多设计规则紧密相关；而表达性的美感则凸显了设计者的创造性和原创性，强调打破设计传统的能力。借鉴 Cai 和 Xu（2011）的定义，学术博客情境中的美感是指学术博客的设计在视觉上吸引用户以及传达一种清晰且独特形象的程度。例如，学术博客站点的界面设计是否友好，外观是否呈现出专业性，信息呈现方式是否清晰等。

9. 交互性

交互性是一个多维的概念。McMillan 和 Hwang（2002）提出，可以将交互性看成是一种技术特性、信息交换的一个流程、用户使用一项技术后的感知、或者上述三者的结合。Robb 等（1997）认为，交互性是"丰富的内容、积极的信息和协作式交流的组合，以创造一种竞争性的消费者体验"。Steuer（1992）将站点交互性定义为"用户实时参与到对站点的形式或内容的修改过程的程度"。借鉴 Robb 等（1997）的定义，学术博客情境中的交互性是指丰富的内容、积极的信息和协作式交流的组合以创造更好的用户体验。

从感知视角来看，Thorson 和 Rodgers（2006）将感知的交互性定义为"用户感知其体验作为人际交互的刺激和感觉他们作为社会他人的一种存在的程度"。Newhagen 等（1995）认为，感知的交互性是"信息发送者对其自身以及接收者的交互性的一种心理上的感觉"。借鉴 Thorson 和 Rodgers（2006）的定义，学术博客情境中的感知的交互性是指学术博客用户感知其体验作为人际交互的刺激和感觉他们作为社会他人的一种存在的程度。

此外，交互性涉及不同的维度。例如，McMillan（2002）提出交互性的三个维度：人–人交互、人–文档交互以及人–系统交互。学术博客情境中，交互性则主要涉及两个维度：人–人交互以及人–系统交互（Hoffman and Novak，1996）。其中，人–人交互（社会性交互）关注人际交流，而人–系统交互（机器交互）则更加凸显技术的特性。

结合学术博客这一研究情境，进一步将感知交互性细分为三个维度：感知的控制、感知的连接和感知的响应（Zhao and Lu，2012）。其中：

（1）感知的控制是指在使用学术博客时，用户感觉到能够控制与他人的交互的程度。感知的控制体现了对学术博客站点的技术特性的感知，对应的是机器交互。

（2）感知的连接是指在使用学术博客时，用户感知到与他人相连接的程度。感知的连接体现了对与他人交互属性的感知，对应的是社会性交互。

（3）感知的响应则是指用户感知到他人对其在使用学术博客行为的回应的程度。感知的响应体现了用户感知到的回应的程度，对应的也是社会性交互。

3.3　学术博客采纳意愿假设的提出[①]

3.3.1　信任的前因

1. 基于知识的信任前因：熟悉

熟悉能够促进信任的建立，这是因为：熟悉为个体对他人将来行为的期望提

---

① 本节内容原发表于《情报理论与实践》，见甘春梅和王伟军（2014，2015b）。

供了一个框架，同时让人们基于以往的经历而对预期的行为产生具体的想法（Blau，1964；Gulati，1995）。已有研究表明，以往的经历是建立信任的基础。经历能够促进对被信任一方相关知识的积累；而知识的积累有助于增强信任方对被信任一方正在做什么以及将来要做什么的理解。此外，Luhmann（1979）认为，对于一个先验的可信赖的一方，熟悉能够构建信任，因为它创建了一个合适的情境来解释被信任一方的行为。与此同时，熟悉减轻了用户对被信任一方的误解，并因此减少了用户会错误地感觉其受到不公平待遇的可能性（Gefen，2000）。

学术博客情境中，通过阅读他人的博文、撰写评论、参与话题讨论等互动行为，成员之间彼此熟悉，进而能够判断其一致性与可信度。或者，部分成员在线下就已经相互了解。此外，通过基本信息的发布（McAllister，1995），如性别、所在院校及专业、所从事的研究领域等，甚至一些敏感信息的揭露，人们显示出他们相信他人，同时鼓励他人来相信自己；这使得学术博客社区中成员相互间变得不再是陌生（Ridings et al.，2002）。因此，对成员的熟悉可让用户判断他人是否具备参与话题讨论的能力和相关知识，进而增加对成员能力的信任。同样，对他人了解得越多，使有关该成员标准和原则的信念的塑造变得越容易，这也有助于增加信任（Blau，1964）。基于此，提出假设：

H1a：对成员的熟悉正向影响对成员能力的信任。

H1b：对成员的熟悉正向影响对成员正直/善行的信任。

对学术博客服务提供商的熟悉通过两种方式影响信任。第一，当服务提供商表现出值得信赖的行为时，熟悉能够构建信任；反之，熟悉将毁坏信任。第二，熟悉提供了一个框架来减少不确定性；在这一框架中，形成对被信任一方的特定的有利期望（Gefen et al.，2003）。以研究选择的科学网博客社区为例。该社区已经在科研人员中形成一定的影响力，并表现出与成员期望相一致的行为。因此，对科学网博客的熟悉，即对提供商的有利期望得到证实，这将增加对提供商的信任。同时，对那些以前使用过科学网博客的成员来说，对他人有利经历的了解与学习，也能够创建信任。而随着交互的增多，会产生更多的熟悉，这就意味着对正在发生的以及将要发生的事情的更好理解。即成员形成了对有利的服务提供商行为的期望。基于此，提出假设：

H1c：对服务提供商的熟悉正向影响对服务提供商的信任。

2. 基于认知的信任前因：声誉

在缺乏重要的一手信息时，如果被信任一方有着良好的声誉，他人会对其产生快速的信任（McKnight et al.，1998）。这是因为，当用户认为被信任一方具有声誉时，他们倾向于以一种积极的态度去理解，进而更可能对他人形成信任的信念（Kramer et al.，1996）。在学术博客社区中，如果某一成员在学界很知名，同时其博客本身也很活跃，那么他/她能够更容易获得来自他人的信任，即拥有更多的"粉丝"和形成更多的互动等。

此外，模式化观念的形成，即"将他人放入一般化的一类"（McKnight et al.，1998），也能影响信任的建立。例如，在学术博客社区中，用户认为具有"教授"职称的博主的博文质量相对较高，观点深刻等；而认为"高校学生"类的博主的文章质量不太高等。这样"先入为主"式的认知会潜在地影响信任信念的形成。对那些"教授"类的博主，即便不认识，用户也倾向于相信他们的能力、正直与善行；更愿意去阅读其博文并参与评论。基于此，提出假设：

H2a：感知的成员声誉正向影响对成员能力的信任。

H2b：感知的成员声誉正向影响对成员正直/善行的信任。

同样，对学术博客服务提供商而言，如果成员认为其具有良好的声誉，也倾向于更多地使用这一平台，如搜寻或分享信息、寻求帮助等。这也是为什么用户会倾向于选择注册为知名社区成员的原因。服务提供商良好的声誉能够为成员的知识活动提供一个必要的基础，如个人隐私信息不被泄露、知识产权有保障等。基于此，提出假设：

H2c：感知的服务提供商声誉正向影响对服务提供商的信任。

3. 基于制度的信任前因：结构保证

结构保证有利于用户形成信任。例如，网络站点都有一定的保护措施来使用户免受隐私信息泄露的困扰；部分站点有来自第三方（如知名的认证机构）的可信赖证明。结构保证促使个体对所在的情境有一种安全性的感知（即基于制度的信任），因此有助于信任的建立（Gefen et al.，2003）。

对学术博客社区来说，通过必要的结构保证能够给用户提供一个稳健和安全的环境，这让用户在使用它进行知识活动时感到放心，进而促进用户产生对学术博客服务提供商的信任。如当用户发表了具有攻击性的博文或评论时，其他成员会指责批评他/她，管理员则会删帖甚至是封锁账号等。基于此，提出假设：

H3：结构保证的感知正向影响对服务提供商的信任。

4. 基于个人特质的信任前因：信任倾向

研究表明，信任倾向会影响对他人或具体事物的信任（Mayer et al.，

1995)，且在关系形成的初期最有效（McKnight et al.，1998），此时相互间可能没有广泛的交互。或者，在关系持续前，在广泛的持续关系之前，信任倾向为其他信任信念的形成提供必需的基础，如正直、善行和能力（McKnight et al.，1998）。Ridings 等（2002）也发现，在虚拟社区中，信任倾向会正向影响人们对其他成员的信任。基于此，提出假设：

H4a：信任倾向正向影响对成员能力的信任。

H4b：信任倾向正向影响对成员正直/善行的信任。

H4c：信任倾向正向影响对服务提供商的信任。

3.3.2　信任的后果

在信任的环境中，人们倾向于帮助他人并寻求他人的帮助；而在一个不信任的环境中，人们倾向于相互间的陌生或冷漠（Blau，1964）。Nahapiet 和 Ghoshal（1998）认为，当信任存在于个体之间时，他们更愿意参与到共享活动中。

对他人能力的信任能够增加获取或共享信息/知识的意愿。这是因为，当用户相信他人有能力时，该用户倾向于相信他人会产生高质量的知识。如在学术博客中，一般认为，有能力的博主撰写的博文质量高，他们参与讨论提出的观点也深刻等，这使得其博文通常会成为热点博文，进而促使其他用户更愿意去阅读并从中汲取知识。同理，用户会更愿意与有能力的成员交流并共享自己的知识。基于此，提出假设：

H5a：对成员能力的信任正向影响学术博客用户的获取意愿。

H5b：对成员能力的信任正向影响学术博客用户的共享意愿。

对他人正直/善行的信任也有同样的效果。因为博客社区中所提供信息/知识的价值取决于提供信息的用户的诚实及其帮助的意愿（Ridings et al.，2002）。当用户了解到其他成员是正直的、有善行的时候，他们倾向于相信其所提供的信息/知识，并愿意与其共享自己的观点。基于此，提出假设：

H5c：对成员正直/善行的信任正向影响学术博客用户的获取意愿。

H5d：对成员正直/善行的信任正向影响学术博客用户的共享意愿。

此外，对服务提供商的信任也会影响用户在学术博客社区中的行为意愿。当用户感知到他们所在的博客服务提供商是值得信赖的、有保障时，用户才会愿意共享他们的基本信息，如性别、所在单位与研究方向等；也才愿意共享他们对某一主题的看法与观点。同理，用户也倾向于相信社区会采取必要的措施保证信息/知识的可靠性与真实性，因而愿意从中获取所需的信息/知识。基于此，提出假设：

H5e：对服务提供商的信任正向影响学术博客用户的获取意愿。

H5f：对服务提供商的信任正向影响学术博客用户的共享意愿。

3.4 学术博客采纳行为假设的提出①

3.4.1 促进因素

1. 人际信任

人际信任能够促进用户之间的知识交流与共享行为。人际信任能够降低不确定性和风险，从而促进网络中有效的知识创造和共享（Tsai and Ghoshal，1998；Abrams et al.，2003）。此外，信任能够促进不断增加的知识交流（Iii and Roberts，1974），促进知识交流的成本很低（Currall and Judge，1995），并可增加知识被有效理解和吸收以被用户直接使用的可能性（Argyris，1982）。不少研究证实了人际信任对知识交流与共享行为的影响。Nonaka（1994）认为，人际信任对组织创造知识共享的氛围很重要。Nahapiet 和 Ghoshal（1998）提出，当双方存在信任时，他们更乐意参与到合作中。Chai 和 Kim（2010）则发现，个体对博主的信任对其知识共享行为具有正向影响。可以看出，个体之间相互的信任程度越高，越有利于激发其交流与共享行为。学术博客是一个用户自愿参与并贡献的社会网络平台。因此，人际信任对促进学术博客用户的知识交流与共享行为就起着很重要的作用。基于此，提出以下假设：

H1：人际信任正向影响学术博客用户的知识交流与共享行为。

2. 乐于助人

乐于助人有助于促进用户之间的知识交流与共享行为。Liao 等（2013）认为，作为一种内在的、享乐性的动机，乐于助人能够影响用户对知识的态度，并影响其共享行为。Davenport 和 Prusak（1998）提出，基于用户帮助他人的欲望，知识贡献者可能为其相对利他行为所驱动。已有研究表明，用户能够从他们贡献

---

① 本节内容原发表于《中国图书馆学报》，见甘春梅等（2012）。

知识的行为中获得满足感，而这种满足感来源于他们喜欢帮助他人（Kankanhalli and Wei，2005）。学术博客情境中，当用户感知到从交流与共享知识的过程中能够获得乐趣，并能为他人提供有用信息时，他们更愿意贡献知识。基于此，提出以下假设：

H2：乐于助人正向影响学术博客用户的知识交流与共享行为。

3. 声誉

声誉体现了用户在组织中的形象、影响力等。Hsu 和 Lin（2008）认为，声誉对博客使用的态度有正向影响。Davenport 和 Prusak（1998）则提出，人们可以通过知识共享来提高他们的声誉。已有研究表明，声誉能够促进用户的知识交流与共享行为。Ensign 和 Hébert（2010）针对 63 家药企中的 200 多名科学家的调研发现，声誉决定用户是否会共享知识。Emelo（2012）提出，个人声誉对虚拟环境下的知识共享很重要。在学术博客情境下，声誉对学术博客用户来说很重要。例如，实名制的虚拟社交网络中，声誉在某种程度上代表了用户的在线自我形象，且通常与其现实形象相关联。通过交流与共享知识，能够有效地提高用户的声誉。此外，人际信任可以调节声誉对知识交流与共享行为的作用。这是因为，在人际信任度高的情形下，用户彼此间相互信任、认知，其社会资本增加，从而有助于更深层次地进行交流与共享。基于此，提出以下假设：

H3a：声誉正向影响学术博客用户的知识交流与共享行为。

H3b：人际信任可以调节声誉对知识交流与共享行为的影响，即在人际信任度高的情况下，声誉的正向影响会增强。

3.4.2　阻碍因素

1. 私欲

公共物品困境理论提出，搭便车现象在知识共享中很常见（Lu et al.，2006）。私欲的存在将导致用户不愿意贡献自己的知识。如 Jarvenpaa 和 Staples（2000）提出，人们出于对自己的权力和利益的关心，会故意隐藏或保留自己掌握的知识。Lu 等（2006）的实证研究显示，组织中私欲会阻碍知识共享行为。因此，如果用户的私欲减少一些，那么更有利于促进知识共享行为或更多的合作性行为（Komorita and Parks，1994）。在学术博客情境下，当用户存在私欲，如害怕交流与共享知识会丧失其竞争优势，或者只索取、不贡献时，用户的知识交流与共享行为就会受到负向影响。而人际信任的存在可以调节私欲对知识交流与共享行为的影响。人际信任意味着用户相互之间的一种信任，如相信他人不会滥用自己的个人信息，相信他人不会盗用自己的理念或成果等。这在一定程度上能够减弱私欲所带来的负向作用。基于此，提出以下假设：

H4a：私欲负向影响学术博客用户的知识交流与共享行为。

H4b：人际信任可以调节私欲对知识交流与共享行为的影响，即在人际信任度高的情况下，私欲的负向影响会减弱。

2. 忧虑感

忧虑感体现了用户的一种担忧，如担心因贡献知识而丧失知识权力（Kankanhalli et al.，2005）、失去知识上的竞争优势（Lu et al.，2006）等。当用户拥有较高的忧虑感时，用户将不愿意贡献知识。Lu 等（2006）认为，忧虑感对组织中用户的知识共享行为起着负向作用。学术博客情境中，如何保护自身的独特价值和成果知识产权免受侵犯是用户考虑的一个问题。用户的这种忧虑感很有可能导致用户不愿意与他人进行知识交流与共享。而人际信任能够调节忧虑感对知识交流与共享行为的这一负向作用。人际信任的存在意味着用户之间更多的互动，这能减弱用户对其可能的知识权力等丧失的担忧，进而促进其更多的知识交流与共享行为。基于此，提出以下假设：

H5a：忧虑感负向影响学术博客用户的知识交流与共享行为。

H5b：人际信任可以调节忧虑感对知识交流与共享行为的影响，即在人际信任度高的情况下，忧虑感的负向影响会减弱。

3. 价值怀疑

价值怀疑体现了个体对自我知识价值的怀疑，即不确定自己所贡献的知识是否有价值或者能够引起他人的关注。Ardichvili 等（2003）通过访谈发现，55%的人表示阻碍人们共享知识的主要原因在于他们不确定自己的知识是否对别人有用，或者对自己在工作上知识的权威性有所怀疑。学术博客情境中，尤其是实名制情形下，如果用户认为自己提供的知识没有价值或者他人不感兴趣，用户可能倾向于不参与知识交流与共享行为。例如，当用户所撰写的博文得不到其他用户的关注时，用户往往会怀疑自身的贡献没有意义，因而不愿意再继续撰写。特别地，对年轻用户来说，他们在科研领域还无所建树，当他们在与他人、特别是有威望的人进行交流与共享时，往往担忧自身的思想不成熟，进而导致其知识交流与共享行为的减少。而人际信任能够调节价值怀疑对知识交流与共享行为的负向作用。在高人际信任的情形下，用户之间往往存在较频繁的互动，这将提高用户的信心，也将促进用户的知识交流与共享行为。基于此，提出以下假设：

H6a：价值怀疑负向影响学术博客用户的知识交流与共享行为。

H6b：人际信任可以调节价值怀疑对知识交流与共享行为的影响，即在人际信任度高的情况下，价值怀疑心理的负向影响会减弱。

3.5　学术博客持续意愿假设的提出

3.5.1　基于扩展的 ECT-IS 模型

1. 期望确认模型

如前所述，信息系统持续使用的期望–确认模型（即 ECT-IS 模型）能够很好地用于阐释用户持续使用信息系统的意愿。ECT-IS 模型认为，用户满意感和感知有用性能够决定用户的 IS 持续使用意愿；而用户对信息系统的满意感则由用户的期望确认以及感知有用性来决定；此外，用户的期望确认也能够影响感知有用性（Bhattacherjee，2001）。

自 ECT-IS 模型提出之后，大量研究将该模型应用于不同情境下来探讨信息系统的持续意愿，如在线服务、移动服务、社交网络、电子系统、在线购物等。Li 和 Liu（2014）针对 543 名中国在线旅游服务用户的实证调研显示，期望确认显著影响感知有用性与用户满意感，进一步显著影响持续意愿；而感知有用性同时对用户满意感产生正向影响；此外，持续意愿对在线旅游服务的口碑产生正向作用。Lee 和 Kwon（2011）认为，认知因素（如感知有用性）和情感因素（如熟悉和亲密）都对在线服务的持续意愿产生影响，且情感因素的作用更强。Oghuma 等（2016）针对 334 名韩国移动即时通信服务用户的调研显示，感知的服务质量和感知的可用性（感知有用性、感知的愉悦感和用户接口）显著影响用户满意感和持续意愿；感知的服务质量也影响期望确认，并进一步影响感知的可用性。Kim（2010）整合了计划行为理论和 ECT-IS 模型，针对 207 名移动数据服务用户的实证研究显示，用户满意、感知有用性、感知的愉悦感和感知的费用对移动数据服务的持续意愿的形成具有重要影响；此外，主观规范和感知的行为控制也对持续意愿产生影响。Mouakket（2015）证实了 ECT-IS 模型在 Facebook 情境下的有效性；并进一步提出，用户习惯对持续意愿产生直接作用，且能够中介用户满意对持续意愿的作用。Barnes 和 Böhringer（2011）发现，感知有用性、满意感和习惯显著影响持续使用微博服务的意愿；期望确认则对感知有用性和用户满意感产生正向作用。通过调研 135 名使用过电子医疗记录系统的加拿大医生，Ayanso 等（2015）发现，用户愿意持续使用电子医疗记录系统；感知有用性对用户满意感和持续意愿产生正向影响；期望确认正向影响感知有用性，并对感知的风险产生负向影响；感知的风险对用户满意和持续意愿均产生负向作用。Wen 等（2011）的实证研究证实了 ECT-IS 模型对在线重复购买意愿的有效性，进一步提出信任和感知的易用性对感知有用性的正向影响以及感知的愉悦感对持续意愿的正向作用。

基于以往的研究结论，学术博客情境中，当用户对学术博客形成一种满意感时，他们倾向于继续使用；而不满意的用户则可能会选择离开或转向其他可替代的服务提供商（Gan and Li，2015；Deng et al.，2010）。而期望确认反映了个体使用学术博客的心理认知，意味着实现了信息系统使用的预期收益。在用户使用学术博客的初期，通常产生一定的期望，如学术博客有助于表达想法与交流、获得声誉以及帮助他人等；当使用一段时间后，如果用户最初的期望得到了满足，则该用户很有可能会持续使用该博客；如果没有得到满足，则该用户可能会停止使用或其参与积极性会降低。此外，感知有用性捕捉了个体使用学术博客的工具性价值。当用户感觉到学术博客的使用对其有用时，如能够满足其内在动机（如内在愉悦感和乐于助人）或外在动机（如声誉和关系维持），其满意感会得到提升，同时也将促使其更加积极地参与到博客使用中。当用户的期望得到确认时，用户也将认为学术博客是有用的。

基于此，提出假设：

H1：满意感正向影响学术博客用户的持续意愿。

H2：期望确认正向影响学术博客用户的满意感。

H3：感知有用性正向影响学术博客用户的满意感。

H4：感知有用性正向影响学术博客用户的持续意愿。

H5：期望确认正向影响学术博客用户的感知有用性。

2. 愉悦感

愉悦感意味着用户使用某一信息系统是为了追求自我满足的价值，而非追求工具性价值（van der Heijden，2004）。愉悦感体现了一种内在的、享乐性的动机（Davis and Bagozzi，1992；van der Heijden，2004）。当用户使用信息系统体验到愉悦的经历时，这将影响到用户满意感的形成（Thong et al.，2006）。已有研究证实了愉悦感对用户满意感以及持续意愿的影响。Thong 等（2006）针对 811 名移动网络服务用户的实证调研结果显示，愉悦感显著影响用户满意感以及对信息技术的持续使用意愿。Kang 和 Lee（2010）针对在线服务的调研显示，愉悦感对用户满意感和持续使用意愿产生影响。Mouakket（2015）认为，愉悦感对 Facebook 用户的持续意愿产生正向作用。Chiu 等（2009）、Wen 等（2011）均发现，愉悦感影响用户的在线重复购买意愿。Mäntymäki 和 Salo（2011）针对社交虚拟世界的调研发现，愉悦感正向影响持续使用意愿。学术博客情境中，当用户在使用过程中感觉到愉悦时，如感到整个过程很快乐，从与他人的交流中体会到乐趣等，用户更容易形成满意感，并且更倾向于持续使用学术博客。基于此，提出假设：

H6a：愉悦感正向影响学术博客用户的满意感。

H6b：愉悦感正向影响学术博客用户的持续意愿。

3. 感知的价值

感知的价值体现了用户基于付出和回报的对比而产生的对服务的整体评价（Zeithaml，1988）。已有研究在不同的情境下证实了感知的价值对用户满意感和持续意愿的正向影响，如博客、虚拟社区、社交网络、在线购物等。Chen 和 Lin（2015）发现，用户体验和感知的价值对用户满意感和持续使用博客的意愿产生直接的正向作用。Chang 等（2014）提出，感知的价值显著影响虚拟社区用户的满意感和持续意愿。Lin 等（2012）发现，感知的价值促进用户满意感的形成以及持续意愿的产生。Lee 和 Bang 认为客户的在线购物价值（实用性价值和体验价值）正向影响客户满意感。Tojib 等（2015）针对 414 名智能手机用户的调研发现，价值（表达性价值和体验性价值）对整体的用户满意感产生正向影响。Cocosila 和 Igonor（2015）发现，感知的整体价值正向影响社交网络用户的行为意愿。Piyathasanan 等（2015）提出，不管在实际环境中，还是虚拟环境中，感知的价值均对用户忠诚产生正向作用。Kim 等（2007）提出，感知的价值正向影响移动网络用户的采纳意愿。学术博客情境中，知识的编码以及与其他用户的交互行为等都需要用户付出时间和精力，而用户通常也期望能够有一定的回报。如果用户感觉到这些付出是值得的或者有回报时，他们更容易产生满意感，也更愿意继续使用学术博客。反之，如果用户感觉到他们的付出是不值得或没有回报时，他们可能会产生不满意感，并选择停止使用学术博客。基于此，提出假设：

H7a：感知的价值正向影响学术博客用户的满意感。

H7b：感知的价值正向影响学术博客用户的持续意愿。

3.5.2 S-O-R 模型

1. 美感

美感体现了用户对站点的主观评价。令人愉快的视觉对站点设计很重要，因为它们创造了第一印象，这促使用户产生进一步探索的欲望（Jennings，2000）。美感不仅关注一个站点视觉上的吸引力（van der Heijden，2003），也关注是否有清晰的、独特的印象；这一印象有助于用户在访问站点时达成他们的目标（Demangeot and Broderick，2006）。研究显示，美感能够显著影响用户的情感状态，如唤起、愉悦、有趣和兴奋（Hassenzahl，2003；Tractinsky，2004；Tractinsky，2006）；并与用户偏好相一致（Zeng et al.，2009）。John 和 Grayson（1995）认为，不管在线环境是否有能力促进某一特定任务的完成，美感都能给用户提供一种即时的愉悦感。van der Heijden（2003）提出，对站点来说，视觉上的吸引力能够影响用户的愉悦感以及对易用性的感知。van der Heijden（2004）也发现，颜色、图形和布局等设计要素能够提高信息系统的使用效率以及用户愉悦感，同时能够提高工作质量。Jennings（2000）认为，美感能够吸引用户的注意力并且促使用户参与并沉浸到一项活动中。Jordan（1998）提出，美感能够预测用户在交互过程中所体验到的愉悦感。Cai 和 Xu（2011）发现，在线商店的传统美感和表达性美感均正向影响消费者的购物流程价值和购物产生的愉悦感；此外，在购买享乐性产品时，表达性美感对愉悦感以及购物流程价值的作用要更强。学术博客情境下，学术博客的美感，如清晰有序的信息呈现、友好的用户设计等，也将影响用户的愉悦感和沉浸感的形成。基于此，提出假设：

H1a：美感正向影响学术博客用户的愉悦感。

H1b：美感正向影响学术博客用户的沉浸感。

2. 交互性

交互性体现了用户与系统、文档以及其他用户之间的互动程度。Sicilia 等（2005）认为，在评价用户体验时，交互性很重要。交互性系统能够给用户提供高层次的自由和控制，并增强用户的乐趣（Wolfinbarger and Gilly，2001）。已有研究在不同情境下证实了交互性对愉悦感和沉浸感的影响，如网站站点、博客、在线社区等。Chen 等（1999）、Novak 等（2000）均提出，在线环境中，交互性能够促进用户产生沉浸感。Lu 等（2010）针对 586 名博客用户的调查结果显示，不同类型的交互性能够正向影响用户的沉浸感和满意感。Wu 和 Chang（2005）针对旅游社区中 286 名用户的调查显示，交互性是影响在线旅游社区中用户沉浸感体验的关键因素。Sicilia 等（2005）对网络站点的实证研究表明，当用户能够与站点进行更多的交互时，他们将体验到更大的沉浸感。学术博客情境中，当用户与博客平台或其他用户拥有高强度的且持久的交互时，往往也意味着他们从中体验到愉悦并沉浸其中。基于此，提出假设：

H2a：交互性正向影响学术博客用户的愉悦感。

H2b：交互性正向影响学术博客用户的沉浸感。

3. 愉悦感

愉悦感体现了用户的一种内在感受。不少研究认为，愉悦感是沉浸感形成的重要部分（Agarwal and Karahanna，2000；Koufaris，2002；Sanchez-Franco，2006）。从这一角度来看，愉悦感能够促进用户产生沉浸感。Ghani 和 Deshpande（1994）通过实验证实了愉悦感和沉浸感的关联性。Sherry（2004）提出媒介使用愉悦感对用户沉浸感体验的影响。Weibel 等（2008）认为在线游戏情境下，愉悦感和沉浸感正相关。Sun 等（2015）针对移动游戏用户的实证研究发现，愉悦感显著影响用户的沉浸感。Wu 等（2011）针对 342 名用户的调研发现，愉悦感是社交网络中最重要的沉浸感体验。学术博客情境中，当用户在使用过程中感觉到高层次的愉悦感时，他们将更容易形成沉浸感。此外，愉悦感对学术博客用户的满意感和持续意愿产生正向影响，这已经在 3.5.1 节进行过论述。基于此，提出假设：

H3：愉悦感正向影响学术博客用户的沉浸感。

H4：愉悦感正向影响学术博客用户的满意感。

H5：愉悦感正向影响学术博客用户的持续意愿。

4. 沉浸感

沉浸感意味着一种最佳体验。当用户体验到沉浸感时，他们会感觉到愉悦并期望再次获得这种体验（Gao，Waechter and Bai，2015）。Novak 等（2000）的研究显示，在网络导航中，近 50% 的用户在线体验过沉浸感。Rettie（2001）通过焦点群体访谈发现，超过一半的访谈者体验到网络沉浸感。不少研究显示了沉浸感能够促进用户满意感的形成以及刺激用户的持续意愿。Rettie（2001）认为，沉浸感能够延长用户对该网络站点的访问。Liao（2006）提出，沉浸感能够带来积极的态度和行为。Siekpe（2005）以及 Hausman 和 Siekpe（2009）认为，沉浸感能促进站点访问者的体验并对其将来再次访问该站点的意愿具有正向影响。Zhou 和 Lu（2011）使用感知的愉悦感和注意力关注来测量用户沉浸感，其针对移动即时信息用户的调查显示，用户沉浸感显著影响用户的满意感。Hausman 和 Siekpe（2009）提出，沉浸感能够促使消费者产生再次进行在线购物的意愿。Zhou（2013）针对移动支付服务的调研发现，沉浸感影响满意感，且均影响持续意愿。Gao 等（2015）针对 462 名移动购物用户的调研发现，信任显著影响沉浸感，进而影响用户满意感，而三个要素都对持续意愿产生正向影响。在学术博客情境下，当用户体验到沉浸感时，这意味着用户完全沉浸到这一状态中，并产生了一种最佳的体验。例如，忘记了周围的时间，在学术博客中逗留的时间超过了预期，很享受当前的状态等。因此，这将促使用户形成满意感，同时也会对用户持续使用学术博客的意愿产生作用。基于此，提出假设：

H6：沉浸感正向影响学术博客用户的满意感。

H7：沉浸感正向影响学术博客用户的持续意愿。

5. 满意感

满意感对学术博客用户的持续意愿的正向影响已在 3.5.1 节进行过论述。这里不再详细阐释，直接提出假设：

H8：满意感正向影响学术博客用户的持续意愿。

3.5.3　交互性与沉浸感模型

1. 交互性

感知的控制体现了用户选择信息并引导交互的能力（Lowry et al.，2006）。高层次的感知控制能够让用户根据其信息需求选择合适的信息予以呈现（Jiang et al.，2010），或使得用户自由地控制其参与行为。不少研究证实了感知的控制对用户情感和行为的影响。Ariely（2000）提出，积极的控制能够刺激用户愉悦感的产生。计划行为理论提出，感知的行为控制正向影响用户的使用意愿和行为（Ajzen，1991）。Manstaed 和 van Eekelen（1998）对学术成就的研究发现，感知的控制是预测行为意愿的一个重要指标。van Dolen 等（2007）提出，在线商业群体聊天情境下，感知的技术属性（如控制）对用户满意感有正向影响。通过对微博服务的研究，Zhao 和 Lu（2012）发现，用户控制显著影响用户对微博服务的满意感。学术博客情境中，当用户拥有高层次的感知控制时，即他们能够控制自身的行为，能够自由地选择所需要的信息等，他们更有可能获得沉浸感，也更有可能形成满意感。基于此，提出假设：

H1a：感知的控制正向影响学术博客用户的沉浸感。

H1b：感知的控制正向影响学术博客用户的满意感。

感知的连接体现了满足用户社会交互的需要以及与他人亲密或相互连接的感觉（Zhao and Lu，2012）。感知的连接能够影响用户的沉浸感和满意感。Zhao 和 Lu（2012）提出，感知的连接对微博用户的满意感产生正向影响。学术博客情境中，用户感知到的连接越强，意味着用户与他人共享越多的共同纽带（Lee，2005），如对同一个研究领域感兴趣，或来自同一个机构，或拥有共同的好友等；因此促使用户在使用学术博客的过程中更容易沉浸其中，并且更容易产生满意感。基于此，提出假设：

H2a：感知的连接正向影响学术博客用户的沉浸感。

H2b：感知的连接正向影响学术博客用户的满意感。

交互性信息技术存在的一个重要前提是对话，即用户与用户之间的互动。作为一种交互性信息技术，当用户发表博文时，往往期望能够得到他人的评论或关注。不少文献也提出，互惠关系的存在是在线交互行为的一个重要动机（Blau，1964）。而 Wasko 和 Faraj（2005）认为，用户贡献知识的部分原因在于期望他人在将来也能贡献知识。基于社会交换的视角，虚拟社区环境下，当用户得到来自他人的响应时，他们会感觉到公平；而这种平衡感将导致用户的满意感（Zhao and Lu，2012）。学术博客情境中，当用户发表的博文或评论能够得到来自他人的积极的、快速的回复时，这将促使他们在这一社会交换中感觉到公平和满意，因为这弥补了他们投入交换过程中的成本或时间（Zhao and Lu，2012）。此外，来自他人的响应越多，越能激发用户行为，如发表更多的博文、参与更多的话题讨论与评论等，这将进一步使用户产生沉浸感与满意感。基于此，提出假设：

H3a：感知的响应正向影响学术博客用户的沉浸感。

H3b：感知的响应正向影响学术博客用户的满意感。

2. 沉浸感

沉浸感能够影响学术博客用户的满意感和持续意愿，这在 3.5.2 节已经进行过论述。因此，这里不再详细阐释，直接提出假设：

H4：沉浸感正向影响学术博客用户的满意感。

H5：沉浸感正向影响学术博客用户的持续意愿。

3. 满意感

满意感体现了对目标站点的态度（Wixom and Todd，2005）。对学术博客的满意感将影响用户持续使用学术博客的意愿，这在3.5.1节已经进行过论述。因此，这里不再详细阐释，直接提出假设：

H6：满意感正向影响学术博客用户的持续意愿。

本 章 小 结

本章主要提出研究的整体框架，并构建了学术博客采纳意愿、采纳行为以及持续意愿的理论模型。在此基础上，分别提出各个模型涉及的假设。所提出的假设归纳总结如下：

学术博客采纳意愿模型：

H1a：对成员的熟悉正向影响对成员能力的信任。

H1b：对成员的熟悉正向影响对成员正直/善行的信任。

H1c：对服务提供商的熟悉正向影响对服务提供商的信任。

H2a：感知的成员声誉正向影响对成员能力的信任。

H2b：感知的成员声誉正向影响对成员正直/善行的信任。

H2c：感知的服务提供商声誉正向影响对服务提供商的信任。

H3：结构保证的感知正向影响对服务提供商的信任。

H4a：信任倾向正向影响对成员能力的信任。

H4b：信任倾向正向影响对成员正直/善行的信任。

H4c：信任倾向正向影响对服务提供商的信任。

H5a：对成员能力的信任正向影响学术博客用户的获取意愿。

H5b：对成员能力的信任正向影响学术博客用户的共享意愿。

H5c：对成员正直/善行的信任正向影响学术博客用户的获取意愿。

H5d：对成员正直/善行的信任正向影响学术博客用户的共享意愿。

H5e：对服务提供商的信任正向影响学术博客用户的获取意愿。

H5f：对服务提供商的信任正向影响学术博客用户的共享意愿。

学术博客采纳行为模型：

H1：人际信任正向影响学术博客用户的知识交流与共享行为。

H2：乐于助人正向影响学术博客用户的知识交流与共享行为。

H3a：声誉正向影响学术博客用户的知识交流与共享行为。

H3b：人际信任可以调节声誉对知识交流与共享行为的影响，即在人际信任度高的情况下，声誉的正向影响会增强。

H4a：私欲负向影响学术博客用户的知识交流与共享行为。

H4b：人际信任可以调节私欲对知识交流与共享行为的影响，即在人际信任度高的情况下，私欲的负向影响会减弱。

H5a：忧虑感负向影响学术博客用户的知识交流与共享行为。

H5b：人际信任可以调节忧虑感对知识交流与共享行为的影响，即在人际信任度高的情况下，忧虑感的负向影响会减弱。

H6a：价值怀疑负向影响学术博客用户的知识交流与共享行为。

H6b：人际信任可以调节价值怀疑对知识交流与共享行为的影响，即在人际信任度高的情况下，价值怀疑心理的负向影响会减弱。

学术博客持续意愿——基于扩展的 ECT-IS 模型：

H1：满意感正向影响学术博客用户的持续意愿。

H2：期望确认正向影响学术博客用户的满意感。

H3：感知有用性正向影响学术博客用户的满意感。

H4：感知有用性正向影响学术博客用户的持续意愿。

H5：期望确认正向影响学术博客用户的感知有用性。

H6a：愉悦感正向影响学术博客用户的满意感。

H6b：愉悦感正向影响学术博客用户的持续意愿。

H7a：感知的价值正向影响学术博客用户的满意感。

H7b：感知的价值正向影响学术博客用户的持续意愿。

学术博客持续意愿——S-O-R 模型：

H1a：美感正向影响学术博客用户的愉悦感。

H1b：美感正向影响学术博客用户的沉浸感。

H2a：交互性正向影响学术博客用户的愉悦感。

H2b：交互性正向影响学术博客用户的沉浸感。

H3：愉悦感正向影响学术博客用户的沉浸感。

H4：愉悦感正向影响学术博客用户的满意感。

H5：愉悦感正向影响学术博客用户的持续意愿。

H6：沉浸感正向影响学术博客用户的满意感。

H7：沉浸感正向影响学术博客用户的持续意愿。

H8：满意感正向影响学术博客用户的持续意愿。

学术博客持续意愿——交互性与沉浸感模型：

H1a：感知的控制正向影响学术博客用户的沉浸感。

H1b：感知的控制正向影响学术博客用户的满意感。

H2a：感知的连接正向影响学术博客用户的沉浸感。

H2b：感知的连接正向影响学术博客用户的满意感。

H3a：感知的响应正向影响学术博客用户的沉浸感。

H3b：感知的响应正向影响学术博客用户的满意感。

H4：沉浸感正向影响学术博客用户的满意感。

H5：沉浸感正向影响学术博客用户的持续意愿。

H6：满意感正向影响学术博客用户的持续意愿。

第 4 章　研 究 设 计

为了检验理论推导出的理论模型，需要进行规范的研究设计。基于此，本章主要阐述量表设计与数据搜集两部分内容。具体来说：量表设计主要阐释如何测量各理论模型所涉及的不同变量；数据搜集则主要阐述拟研究的对象、数据搜集过程及有效样本的人口统计学特征。对上述量表以及数据搜集的清晰论述将有助于形成严谨规范的研究设计，进而为后续数据分析的可行性提供铺垫。

4.1　量 表 设 计

为了保证量表的信度与效度，所采用的量表多为相关领域中成熟的量表，同时结合本研究目的加以修改和完善。考虑到量表多为英文，采用"回译法"来保证翻译的有效性。其基本步骤是：首先，由一位研究人员将英文量表翻译成中文；其次，再由另一位研究人员将中文量表翻译为英文；最后，比较翻译后的英文量表与原始英文量表，两位研究人员对有争议的地方进行反复讨论，达成一致，并生成最终的中文量表。

在文献调研和网站观察的基础上，针对采纳意愿、采纳行为和持续使用意愿行为分别设计了三份问卷初稿。接着，搜集了来自情报学领域和信息系统领域内两三位专家学者的意见，据此对问卷做了进一步完善。进一步，邀请20名有过学术博客使用经历或正在使用学术博客的用户进行了小样本的预调研，针对问卷的内容、格式、题项顺序、清晰易懂等方面再次修改并完善。正式问卷采用李克特（Likert）7 等级量表进行测试。其中，7 表示"非常同意"，4 表示"中立"，1 表示"非常不同意"。

表 4.1、表 4.2 和表 4.3 分别描述研究所涉及的各变量的定义及其测度项。

表 4.1　采纳意愿模型中各变量的定义与测度项

变量（编码）	变量定义	测度项	测度项来源
对成员的熟悉（FO）	成员对学术博客社区中其他成员的了解	FO1：通过阅读他人的博文或评论，我熟悉社区中的部分成员	Gefen（2000）
		FO2：通过阅读他人的博文或评论，我熟悉社区中部分成员的兴趣和行为特点	
		FO3：通过阅读个人信息等，我熟悉社区中的部分成员	
		FO4：通过彼此间的交互，我熟悉社区中的部分成员	
对服务提供商的熟悉（FSP）	成员对所在的博客服务提供商的了解	FSP1：通过访问该站点，我熟悉这一博客服务提供商	Gefen（2000）
		FSP2：通过阅读该站点的博文，我熟悉这一博客服务提供商	
		FSP3*：我知道如何在该站点搜寻相关的博文	
		FSP4*：我知道如何利用该站点来发表博文	
感知的服务提供商的声誉(PRP)	成员认为服务提供商是好的、值得信赖的程度	PRP1：我所使用的博客服务提供商具有良好的形象	Kim 和 Han（2009）
		PRP2：我所使用的博客服务提供商具有良好的声誉	
		PRP3：我所使用的博客服务提供商具有一定的影响力	
感知的成员的声誉（PRM）	成员认为其他成员有影响力、有能力、令人尊重的程度	PRM1：社区中的部分成员在学术领域具有一定的影响力	McKnigh 等（1998）
		PRM2：社区中的部分成员属于较为知名的学术团体	
		PRM3：社区中的部分成员来自于较为知名的高校或科研机构	
		PRM4：社区中的部分成员令人尊重	

变量（编码）	变量定义	测度项	测度项来源
结构保证（SAI）	相信因保护性结构如规章制度、声明与承诺等的存在而会促进活动的成功进行	SAI1：博客服务提供商提供了必要的安全保护措施，这让我在使用它时感到安全	Gefen 等（2003）
		SAI2：博客服务提供商提供了一个稳健和安全的环境，这让我在使用它时感到安全	
		SAI3：博客服务提供商提供了法律结构和技术结构上的保障，这让我在使用它时感到安全	
		SAI4：博客服务提供商提供了有关安全保障的声明，这让我在使用它时感到安全	
信任倾向（DT）	基于个体持续的、长期经历的和社会化的过程而形成的对他人的一般性依赖意愿	DT1：一般来说，我信任其他人	Gefen（2000）
		DT2：一般来说，我相信人性都是善良的	
		DT3：总体上来说，我觉得人都是值得信赖的	
		DT4：总体上来说，我相信其他人，除非他/她欺骗了我	
对成员能力的信任（TRA）	相信成员具有一定的知识和技能参与到学术博客活动中	TRA1：我相信社区成员拥有丰富的知识可以贡献	Ridings 等（2002）
		TRA2：我相信社区成员具备贡献知识所需的相关技能	
		TRA3：我相信社区成员对所讨论的话题有足够的了解	
		TRA4：我相信社区成员有能力参与到话题的讨论中	
对成员正直/善行的信任(TRB)	相信成员能够遵守社区规范，作出符合社会化接受标准的行为，并愿意做好事	TRB1*：我相信社区成员能够很好地参与到知识贡献中	Ridings 等（2002）
		TRB2：我相信社区成员不会在社区中有意捣乱	
		TRB3*：我相信社区成员会在自己能力范围内尽量帮助他人（如提供建议、评论等）	
		TRB4：我相信社区成员的言行是一致的	

续表

变量（编码）	变量定义	测度项	测度项来源
对服务提供商的信任（TRS）	相信学术博客服务提供商会尽力为用户着想，提供良好的服务并满足用户的需求	TRS1：我相信博客服务提供商是值得信赖的	Chai 和 Kim（2010）
		TRS2：我相信博客服务提供商会尽可能为用户着想	
		TRS3：我相信博客服务提供商会为用户提供良好的服务	
		TRS4：我相信博客服务提供商会尽力满足用户的需求	
获取意愿（DA）	用户愿意从他人的博客或社区话题的讨论中寻找自己希望了解的信息/知识的程度	DA1：当我需要了解学术相关的信息/知识时，我打算到博客社区中寻找	Ridings 等（2002）
		DA2：当我需要学术相关的建议或帮助时，我打算到博客社区中寻找	
		DA3：当我需要了解学术领域的相关动态时，我打算到博客社区中寻找	
		DA4：当我需要了解某一特点主题的信息/知识时，我打算到博客社区中寻找	
共享意愿（DS）	用户愿意撰写博客、参与评论或主题讨论、给他人提供帮助等知识贡献行为的程度	DS1：通过学术博客，我愿意经常共享自己的信息/知识	Ridings 等（2002）
		DS2：通过学术博客，我愿意共享学术相关的信息/知识	
		DS3：通过学术博客，如需要，我愿为他人提供某些特定的信息/知识	
		DS4：通过学术博客，我愿意花时间与他人进行知识共享活动	

注：因因子载荷值较低，标有 * 的测度项在正式问卷中被剔除

表 4.2　采纳行为模型中各变量的定义与测度项

变量（编码）	变量定义	测度项	测度项来源
知识交流与共享（KES）	学术博客用户通过撰写博文、发表评论、参与话题讨论等方式与他人交流与共享知识的行为	KES1：我经常写博客以便能与他人交流并共享知识	Hsu 等（2007）；Chai 和 Kim（2010）
		KES2：我经常浏览他人的博文并发表自己的看法或意见	
		KES3：我总是积极地回复他人对我的博文的评论	

续表

变量（编码）	变量定义	测度项	测度项来源
人际信任（TRU）	博主相信其他博主们，并相信他们不会伤害或利用他/她的信念	TRU1*：即使有机会，他人也不会窃取我的个人信息或发表的观点	Chiu 等（2006）；McAllister（1995）
		TRU2：通常情况下，我相信社区中的成员会言行一致	
		TRU3：社区中的成员是值得信赖的	
		TRU4：我能够与他人自由地分享学术相关的想法	
乐于助人（EH）	个体通过交流与共享知识所感知到的满足感与愉悦感	EH1：交流与共享知识能够让我获得乐趣，享受快乐	Kankanhalli 等（2005）；Wasko and Faraj（2000）
		EH2：交流与共享知识能够为他人提供有用的信息	
		EH3：从交流与共享知识的过程中我能够获得满足感	
声誉（REP）	博主通过在学术博客中交流与共享知识获得声誉和形象的提升程度	REP1：通过交流与共享知识，我获得了尊重	Waskoand Faraj（2000）；Constant 等（1996）
		REP2：交流与共享知识提高了我在学术领域中的影响	
		REP3：交流与共享知识能够提高我在学术领域中的声誉	
忧虑感（FEA）	由于使用学术博客进行知识交流与共享而感知到的对失去独特价值或成果知识产权等感觉	FEA1：通过博客交流与共享显性知识会削弱我在领域内的价值	Kankanhalli 等（2005）
		FEA2：通过博客交流与共享隐性知识会削弱我在领域内的价值	
		FEA3：通过博客交流与共享显性知识会使我丧失我所特有的知识	
		FEA4：通过博客交流与共享隐性知识会使我丧失我所特有的知识	

续表

变量（编码）	变量定义	测度项	测度项来源
价值怀疑（DOU）	个体对自身在学术博客中交流与共享的知识是否有价值的怀疑程度	DOU1：我交流与共享的知识（如博文）往往无法引起他人的兴趣	Kankanhalli 等（2005）；Kalman（1999）
		DOU2：我是否交流与共享知识对他人来说没有区别	
		DOU3：对他人来说，我交流与共享的知识（如博文）没有价值或参考意义	
私欲（GRE）*	获取他人有价值的知识或成果却不予以回报的欲望	GRE1*：我希望我所投入的时间和精力是值得的（有回报的）	Lu 等（2006）
		GRE2*：通常情况下，我希望能够从社区中获取尽可能多的知识	
		GRE3：我总是能从社区中获取到知识，因此我很少分享自己的知识（如撰写博客等）	
		GRE4：我希望我从社区中获取到的知识能够多于我对社区贡献的知识	

注：因因子载荷值较低，标有 * 的测度项在正式问卷中被剔除

表 4.3　持续意愿模型中各变量的定义与测度项

变量（编码）	变量定义	测度项	测度项来源
感知有用性（PU）	使用学术博客对自身有用的程度	PU1：博客对我的工作/学习有用	Davis 等（1989）
		PU2：博客使我快速地与他人分享信息/知识	
		PU3：博客有助于提高我分享信息/知识的效率	
		PU4：博客使我更容易与他人分享信息/知识	
期望确认（CON）	用户对使用学术博客的期望与其获取的实际效果之间一致性的感知	CON1：总体上说，博客的使用满足了我的期望	Bhattacherjee（2001）
		CON2：我使用博客的经历比我期望的要好	
		CON3：总体上说，我从博客中获得了所期望的服务	
		CON4：总体上说，我对使用博客的大多数期望得到了确认	

续表

变量（编码）	变量定义	测度项	测度项来源
愉悦感（ENJ）	通过使用学术博客所提供的服务而给用户带来的内在感受	ENJ1：使用博客令人感到愉悦	van der Heijden（2003）
		ENJ2：使用博客的实际过程很快乐	
		ENJ3：使用博客有乐趣	
美感（AES）	学术博客的设计在视觉上吸引用户以及传达一种清晰且独特形象的程度	AES1：博客站点有着友好的用户设计	Mathwick 等（2001）
		AES2：我喜欢博客站点的外观	
		AES3：我喜欢博客站点的设计	
		AES4：我喜欢博客站点显示信息的方式	
感知的价值（PV）	用户对使用学术博客所感知到的收益与成本之间的整体评价	CROI1：对博客的付出是值得的	Mathwick 等（2001）
		CROI2：对博客的付出是有价值的	
		CROI3：对博客的付出是有回报的	
		CROI4：博客所提供的信息/知识是有用的	
交互性	丰富的内容、积极的信息和协作式交流的组合以创造更好的用户体验	INT1：当我与学术博客进行交互时，其呈现的信息是相关的	Johnson 等（2006）
		INT2：当我与学术博客进行交互时，其呈现的信息是恰当的	
		INT3：当我与学术博客进行交互时，其呈现的信息是合适的	
		INT4：当我与学术博客进行交互时，其呈现的信息是有用的	
感知的控制（PC）	在使用学术博客时，用户感觉到能够控制与他人交互的程度	PC1：我感觉我能控制我的参与行为	Yoo 等（2010）
		PC2：我能自由地选择我想看到的东西	
		PC3：我的行为决定了我能从中获得的体验	
感知的连接（CONN）	在使用学术博客时，用户感知到与他人相连接的程度	CONN1*：我与其他用户共享科研经历与感受等	Gefen（2002）
		CONN2*：我从社区中受益	
		CONN3：我与其他用户共享共同的联系纽带	
		CONN4：我很容易与其他用户保持联系	
		CONN5：我很容易与其他用户进行交流	

续表

变量（编码）	变量定义	测度项		测度项来源
感知的响应 （RES）	用户感知到他人对其在使用学术博客行为的回应程度	RES1：其他用户对我的博文作出积极的回应		Ridings 等 （2002）
		RES2：我的博文总是能得到很多回应		
		RES3：我的博文总是能得到快速回应		
沉浸感（FL）	用户沉浸到学术博客中的一种心理状态	FL1：时间似乎过得很快		Lu 等（2010）
		FL2：我似乎忘记了周围的环境		
		FL3：我没有意识到我已经使用了多长时间		
		FL4：我感觉心思完全集中到其中了		
满意感（SAT）	用户对使用学术博客这一经历的感觉	SAT1：我对使用博客这一决定感到满意		Bhattacherjee （2001）
		SAT2：我使用博客这一选择是很明智的		
		SAT3：我决定使用博客是正确的		
		SAT4：我对使用博客这一决定感到开心		
持续意愿（CI）	用户继续使用学术博客的意愿	CI1：我打算继续使用博客		Bhattacherjee （2001）
		CI2：我将保持使用博客，如我现在做的一样		
		CI3：在将来，我将经常尽力使用博客		

注：因因子载荷值较低，标有 * 的测度项在正式问卷中被剔除

4.2　数据搜集

4.2.1　数据搜集对象

研究的对象是学术博客。目前国内知名的学术博客主要有科学网博客、丁香博客、新浪的图情博客圈等。考虑到研究目的以及数据搜集的便利性，研究选取科学网博客①（图4.1）作为实证研究对象。

科学网于 2007 年开通，它秉承"社会企业"的理念，通过打造网络虚拟社区，促进科技创新，促进学术交流②。科学网博客则致力于为科研人员提供一个便捷的知识交流与共享平台。从 2007 年开通至今，科学网博客已有 11 325 名用

① 访问地址：http：//blog. sciencenet. cn。
② http：//www. sciencenet. cn/aboutus/default. aspx？ id＝1&type＝1。

图 4.1　科学网博客主页

户开通博客（截至 2011 年 12 月）。它主要采用实名制注册，所注册的用户主要来自于高等院校、科研机构、科技企业、政府科技部门等，其中包括不少海外科研用户。科学网博客不仅吸引了诸多的科研人员注册使用个人博客，同时吸引了不少组织注册使用机构博客。

科学网博客用户涉及的学科包括生命科学、医学科学、化学科学、工程材料、信息科学、地球科学、数理科学以及管理综合。针对用户发表的博文，科学网博客设置有"最新博文""精选博文""热门博文"等板块。此外，也设置有"博文周排行""博文月排行"。而针对所有用户的博客，设置有"周排行""总排行""均排行"来对所有博客的受欢迎程度进行排序。进一步，基于内容的不同，设置有"科研笔记""论文交流""教学心得""观点述评""科普集锦""海外观察""人物纪事""图片百科""人文社科""诗词雅集""生活其他""博客资讯"等版块（图 4.2）。

对科学网博客个人用户来说，用户可以撰写博文、编辑个人资料（如工作情况、研究领域）、添加好友、上传照片、创建主题、共享信息、接收留言以及给他人留言、发送短消息等；同时，可以设置学术名片、创建学术谱系；也可以根据自己的偏好来设置个人主页（图 4.3）。此外，也可以加入感兴趣的群组。

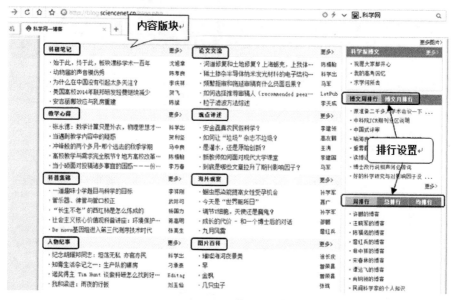

图 4.2　科学网博客版块

图 4.3　科学网个人博客主页

4.2.2 数据搜集过程

研究主要通过科学网的"站内消息"和"给我留言"等方式向科学网博客用户发送问卷作答邀请及问卷链接。结合研究的目的,分别在科学网进行三次数据搜集。

1. 学术博客采纳意愿的数据搜集

共回收问卷 289 份。其中,无效问卷 54 份(包括全部勾选同一个答案的问卷和回答"没有开通学术博客"的问卷),有效问卷 235 份,有效率为 81.31%。

表 4.4 显示了有效样本的人口统计学特征信息。

表 4.4 有效样本的人口统计学特征(采纳意愿)

项目	题项	频率	比例/%	项目	题项	频率	比例/%
性别	男	209	88.9	职称	教授/研究员	58	24.7
	女	26	11.1		副教授/副研究员	48	20.4
年龄	20~29 岁	83	35.3		讲师	42	17.9
	30~39 岁	77	32.8		助教	5	2.1
	40~49 岁	41	17.4		高校学生	82	34.9
	50 岁及以上	34	14.5	教育背景	本科	17	7.2
所在学科	生命科学	38	16.2		硕士研究生	77	32.8
	医学科学	14	6.0		博士研究生	141	60.0
	化学科学	29	12.3	使用博客的经历	3 个月以下	12	5.1
	工程材料	38	16.2		3~6 个月	14	6.0
	信息科学	28	11.9		6 个月到 1 年	37	15.7
	地球科学	29	12.3		1~2 年	58	24.7
	数理科学	16	6.8		2 年以上	114	48.5
	管理综合	43	18.3	更新博客的频率	每天更新	21	8.9
每次使用博客的时间	1 小时以内	149	63.4		每周更新	61	26.0
	1~3 小时	81	34.5		每月更新	60	25.5
	3 小时以上	5	2.1		很少更新	93	39.6

可以看出,男性科研人员使用学术博客的比例(88.9%)远远大于女性

（11.1%）。68.1%的用户年龄为 20～39 岁。就学科来看，除医学科学（6.0%）和数理科学（6.8%）外，来自其他学科的用户比例趋于均衡。从职称来看，高校学生最多（34.9%），其次是教授/研究员（24.7%）和副教授/副研究员（20.4%）。从教育背景来看，具有"博士研究生"学历的用户占 60%。此外，48.5%的用户拥有 2 年以上使用学术博客的经历；63.4%的用户每次使用博客的时间不超过 1 小时；而且，每天更新博客的用户仅占 8.9%。

2. 学术博客采纳行为的数据搜集

共回收问卷 306 份。其中，无效问卷为 77 份（包括：几乎全部勾选同一答案的问卷 13 份；回答"没有开通学术博客"的问卷 64 份）；有效问卷为 229 份，有效率为 74.84%。

表 4.5 描述了样本数据的基本人口统计学特征信息。

表 4.5　有效样本的人口统计学特征（采纳行为）

项目	题项	频率	比例/%	项目	题项	频率	比例/%
性别	男	194	84.7	职称	教授/研究员	52	22.7
	女	35	15.3		副教授/副研究员	33	14.4
年龄	20～29 岁	99	43.2		讲师/助理研究员	48	21.0
	30～39 岁	64	27.9		助教/研究实习员	15	6.6
	40～49 岁	44	19.2		高校学生	81	35.4
	50～59 岁	12	5.2	教育背景	本科	15	6.6
	≥60 岁	10	4.4		硕士研究生	88	38.4
所在学科	生命科学	35	15.3		博士研究生	126	55
	医学科学	15	6.6	使用博客的经历	3 个月以下	12	5.2
	化学科学	14	6.1		3～6 个月	21	9.2
	工程材料	27	11.8		6 个月到 1 年	34	14.8
	信息科学	42	18.3		1～2 年	46	20.1
	地球科学	28	12.2		2 年以上	116	50.7
	数理科学	27	11.8				
	管理综合	41	17.9				

可以看出，从性别来看，男性用户占绝大多数（84.7%）。从年龄来看，大部分用户（71.1%）属于年轻用户，介于 20～39 岁。而用户所在学科的比例相

对较为均衡。从职称来看,高校学生最多,占35.4%;其次是教授/研究员,占22.7%。从教育背景看,超过一半的用户(55%)拥有博士学位。而从使用博客的经历来看,过半的用户(50.7%)拥有2年以上的经历,20.1%的用户拥有1~2年的使用经历。

3. 学术博客持续意愿的数据搜集

共回收问卷377份。其中,无效问卷为73份(包括:几乎全部勾选同一答案的问卷18份;回答"否"的问卷55份);有效问卷为304份,有效率为80.64%。

表4.6显示了有效样本的人口统计学特征信息。

表4.6　有效样本的人口统计学特征(持续意愿)

项目	题项	频率	比例/%	项目	题项	频率	比例/%
性别	男	267	87.8	职称	教授/研究员	68	22.4
	女	37	12.2		副教授/副研究员	62	20.4
年龄	20~29 岁	116	38.2		讲师	50	16.4
	30~39 岁	98	32.2		助教	7	2.3
	40~49 岁	51	16.8		高校学生	117	38.5
	50 岁及以上	39	12.8	教育背景	本科	18	5.9
所在学科	生命科学	48	15.8		硕士研究生	104	34.2
	医学科学	21	6.9		博士研究生	182	59.9
	化学科学	35	11.5	使用博客的经历	3 个月以下	13	4.3
	工程材料	49	16.1		3~6 个月	19	6.3
	信息科学	33	10.9		6 个月到 1 年	48	15.8
	地球科学	37	12.2		1~2 年	84	27.6
	数理科学	21	6.9		2 年以上	140	46.1
	管理综合	60	19.7	更新博客的频率	每天更新	22	7.2
每次使用博客的时间	1 小时以内	205	67.4		每周更新	71	23.4
	1~3 小时	94	30.9		每月更新	77	25.3
	3 小时以上	5	1.6		很少更新	134	44.1

可以看出,就性别而言,男性用户占大多数,为87.8%。就职称而言,高校学生、教授/研究员、副教授/副研究员所占比例最多,分别为38.5%、

22.4%和20.4%。就年龄而言，20～29岁用户最多，占38.2%；其次为30～39岁用户，占32.2%。就教育背景而言，博士研究生学历的用户超过一半（59.9%）。就所在学科而言，比例相对较为均衡。就使用博客的经历而言，46.1%的用户拥有2年以上的经历，27.6%的用户拥有1～2年的经历。就每次使用博客的时间而言，大部分用户（67.4%）所花费的时间在1小时以内。就更新博客的频率而言，44.1%的用户很少更新。

本 章 小 结

本章内容主要包括量表设计和数据搜集。在量表设计方面，主要参考已有研究的成熟量表。在提出各变量的测度项的基础上，依此针对学术博客采纳意愿、采纳行为和持续意愿分别设计三份调查问卷。在数据搜集方面，以国内知名的学术博客平台科学网为研究对象，主要通过该平台的"站内消息"和"给我留言"等方式发放电子问卷。最终，针对上述三类学术博客用户行为，搜集的有效样本数分别为235份、229份和304份。

第 5 章　数 据 分 析

在数据搜集后，需要对数据进行分析以验证所提出的理论模型与假设。研究将采用规范的实证研究范式。因此，本章将首先阐述数据分析的思路，包括如何进行数据预处理、如何检验测量模型和结构模型。在此基础上，将分别针对各个理论模型进行数据分析。

5.1　数据分析的思路

数据搜集工作完成之后，需要对数据进行分析。常用的分析涉及：信度和效度检验、描述性统计分析、多元回归分析、方差分析和结构方程模型分析等；而结构方程模型（SEM）又包括基于协方差的结构方程模型（分析软件有 LISREL、AMOS 等）和基于成分的结构方程模型（分析软件有 smartPLS、PLS-Graph）。

研究拟采用基于成分的结构方程模型来对数据进行分析（Hair et al.，2011），所使用的分析软件为 smartPLS 2.0。基于此，所做的数据分析工作包括：描述性统计分析、数据预处理（因子分析和共同方法偏差检验）、测量模型评估（信度和效度检验）和结构模型估计。其中：

（1）描述性统计分析是进行常规性的统计分析，描述各变量的平均值、标准差、值范围等。

（2）数据预处理是通过因子分析检验各测度项的有效性，从而保证样本数据的有效性和合理性；此外，由于数据来源于用户的自我报告，因此也需要进行共同方法偏差检验，以保证对结果的解释没有影响。

（3）测量模型评估主要是进行信度和效度检验。信度是对量表测量一致性程度的估计；效度是测量工具对其所要测量的特性测量程度的估计；常用的测量指标有 Cronbach's α 系数、潜在变量的组合信度（CR）、潜在变量的平均方差萃取（AVE）、Fornell-Larcker 标准、个别项目的信度（indicator reliability）和交叉载荷（cross-loadings）。

（4）结构模型估计则是对假设的检验。常用指标是 R^2、路径系数及其显著性水平值。

5.1.1 数据预处理

1. 因子分析

数据搜集后，首先通过因子分析对数据进行预处理。因子分析的目的是找出量表潜在的结构，减少题项的数目，使之变为一组较少而彼此相关较大的变量，即因子（吴明隆，2010）。其中，因子抽取的方法一般有主成分法、未加权的最小平方法、最大似然法、综合最小平方法等；因子旋转的方法一般有最大方差法、直接 Oblimin 方法、最大平衡值法、最大四次方值法等。

在进行因子分析时，首先进行相关性检验。在相关性检验高的情形下，才适合做下一步的因子分析。相关性检验主要反映在相关矩阵上，通过巴特利特球体检验（Bartlett's Test of Sphericity）来获得其 KMO 值。KMO 是 Kaiser-Meyer-Olkin 的取样适当性量数（其值介于 0 至 1 之间）；当 KMO 值越大时，表示变量间的共同因素越多，变量间的净相关系数越低，越适合进行因子分析（吴明隆，2010）。Kaiser（1974）提出的 KMO 值的判断标准是：当 KMO<0.5 时，不宜进行相关性分析；当 0.5≤KMO<0.6 时，相关性很差；当 0.6≤KMO<0.7 时，相关性差；当 0.7≤KMO<0.8 时，相关性一般；当 0.8≤KMO<0.9 时，相关性好；当 KMO≥0.9 时，相关性很好。

因子分析完成后，需要检验各测度项的因子载荷值。根据 Hair 等（2006）的建议，当样本量大小为 200 时，为保证统计上的显著性，因子载荷值的最小值是 0.40。此外，每个测度项在其所属的因子内的因子载荷值越大越好（通常大于 0.50），在其他因子上的值则越小越好（通常小于 0.50）。

2. 共同方法偏差检验

Podsakoff 等（2003）指出，在使用问卷调查法搜集用户自我报告的数据时，有可能会出现共同方法偏差（common method bias），进而影响对结果的解释。因此，研究采用 Podsakoff 和 Organ（1986）的建议：首先，使用多个题项来测量变量；其次，利用 Harman 单因子检验法（Harman's one-factor test）进行检验，即检查是否析取出单个公因子，或是否存在一个一般性因子——该因子能解释大部分的方差。

5.1.2　测量模型

研究采用基于 PLS（partial least squares）的结构方程模型来检验所提出的理论模型。所用的分析软件是 smartPLS 2.0（http：//www. smartpls. de），并遵循一般的两步骤程序：第一步，通过检验信度和效度来评估测量模型；第二步，通过结构模型来验证假设。这里首先对测量模型进行评估。

1. 测量模型的原理

测量模型描述了潜变量与指标之间的关系，通常写成（侯杰泰等，2004）：

$$x = \Lambda_x \xi + \delta \tag{5.1}$$

$$y = \Lambda_y \eta + \varepsilon \tag{5.2}$$

其中，x 为外生（exogenous）指标组成的向量；y 为内生（endogenous）指标组成的向量；Λ_x 为外生指标与外生潜变量之间的关系，是外生指标在外生潜变量上的因子负荷矩阵；Λ_y 为内生指标与内生潜变量之间的关系，是内生指标在内生潜变量上的因子负荷矩阵；δ 为外生指标 x 的误差项；ε 为内生指标 y 的误差项。

2. 信度和效度的定义及其检验指标

信度（reliability）是指测验或量表工具所测得结果的稳定性（stability）及一致性（consistency）；效度（validity）是指能够测到该测验所欲测（使用者所设计的）心理或行为特质到何种程度（吴明隆，2010）。其中，效度主要包括：①内容效度（content validity），它是指测验或量表内容或题目的适切性与代表性，即测验内容能否反映所要测量的心理特质，能否达到测量的目的或行为构念；②效标关联效度（criterion-related validity），它是指测验与外在效标间关系的程度；③建构效度（construct validity），它是指能够测量出理论的特质或概念的程度，即实际的测验分数能解释多少某一心理特质（吴明隆，2010）。而建构效度又包括收敛效度（convergent validity）和判别效度（discriminant validity）：收敛效度通过同一变量下子项目的因子载荷值来反应，其相关程度都很高；判别效度通过不同变量间的因子载荷的比较来反映，其相关程度都很低（Cook and Campbell，1979）。

信度和效度的常用检验指标如表 5.1 所示。

表 5.1 信度和效度的常用检验指标

检验指标	描述	检验对象
Cronbach's α 系数	$\alpha = \dfrac{K}{K-1}\left(1 - \dfrac{\sum S_i^2}{S^2}\right)$, α 大于 0.70	信度
潜变量的组合信度（CR）	$CR = \dfrac{\left(\sum \lambda_i\right)^2}{\left[\left(\sum \lambda_i\right)^2 + \sum \theta\right]}$, CR 不低于 0.70	信度
潜变量的平均方差萃取（AVE）	$AVE = \dfrac{\left(\sum \lambda_i\right)^2}{\left[\sum \lambda_i^2 + \sum \theta\right]}$, AVE 大于 0.50	收敛效度
Fornell-Larcker 标准	某因子的 AVE 的均方根大于该因子与其他因子的相关系数	判别效度
个别项目的信度（indicator reliability）	外部载荷（outer loadings）大于 0.70	收敛效度
交叉载荷（cross-loadings）	某一测度项在其所属的潜变量上的载荷大于其在其他潜变量上的载荷	判别效度

资料来源：Henseler 等，2009

1）Cronbach's α 系数

Cronbach's α 系数用来测量各变量间公因子的关联性，能够反映量表的信度。其计算公式为：

$$\alpha = \frac{K}{K-1}\left(1 - \frac{\sum S_i^2}{S^2}\right) \tag{5.3}$$

其中，K 为量表所包括的总题数；$\sum S_i^2$ 为量表题项的方差总和；S^2 为量表题项加总后方差。

不同学者对 Cronbach's α 系数的阈值提出不同的标准。目前被广泛采用的标准是：0.70 以上是可接受的最小信度值（Nunnally，1978）。

2）潜在变量的组合信度（composite reliability，CR）

CR 主要用于评价一组潜在构念指标的一致性程度，即所有测量指标分享该因素构念的程度。组合信度越高，表示测量指标间有高度的内在关联存在；相对的，组合信度越低，测量指标间的内在关联程度也越低，表示测量指标间的一致性不高，其所测得的共同因素构念特质间的歧义较大。其计算公式为

$$CR = \frac{\left(\sum \lambda_i\right)^2}{\left[\left(\sum \lambda_i\right)^2 + \sum \theta\right]} = \frac{\left(\sum \lambda_i\right)^2}{\left[\left(\sum \lambda_i\right)^2 + \sum (1 - \lambda_i^2)\right]} \quad (5.4)$$

其中，λ_i 为观察变量在潜变量上的标准化参数（标准负载），θ 为指标变量的误差差异量，$\left(\sum \lambda_i\right)^2$ 为因子载荷加总后取平方之数值，$\sum \theta$ 为各观察变量残差方差的综合。

不同学者对 CR 的阈值也提出不同的标准。通常，当 CR 值大于 0.70 时，表明因子具有较好的可靠性（Chin，1998）。

3）潜变量的平均方差萃取（average variance extracted，AVE）

AVE 表示潜变量构念所能解释指标变量变异的程度，能够反映收敛效度。其计算公式为：

$$AVE = \frac{\left(\sum \lambda_i\right)^2}{\left[\sum \lambda_i^2 + \sum \theta\right]} = \frac{\left(\sum \lambda_i\right)^2}{\left[\sum \lambda_i^2 + \sum (1 - \lambda_i^2)\right]} \quad (5.5)$$

其中，λ_i 为观察变量在潜变量上的标准化参数（标准负载），θ 为指标变量的误差差异量，$\sum \lambda_i^2$ 为因子载荷的平方的加总，$\sum \theta$ 为各观察变量残差方差的综合。

一般说来，AVE 可接受的值必须大于 0.50（Hair et al.，2006）。这意味着，当潜变量的方差抽取在 0.50 以上时，观察变量（或指标变量）被潜变量（或构念特质）解释的变异量远高于其被测量误差所解释的变异量，从而表示潜变量的收敛能力理想，具有良好的操作化测量定义（吴明隆，2009）。

4）Fornell-Larcker 标准（Fornell-Larcker criterion）

Fornell-Larcker 标准认为，一个潜变量解释其观察变量的能力要比其他潜变量强；因此，其通过比较 AVE 的均方根与各个潜变量之间的相关系数来判断量表的判别效度（Fornell and Larcke，1981）。如果某因子的 AVE 的均方根大于该因子与其他因子的相关系数，则表明量表具有较好的判别效度。

5）因子结构

对因子结构的分析，主要通过个别项目的信度（indicator reliability）和交叉载荷（cross-loadings）来分别判断量表的收敛效度和判别效度。其判断标准是：

如果外部载荷（outer loadings）大于0.70，表明量表具有较好的收敛效度；如果某一测度项在其所属的潜变量上的载荷大于其在其他潜变量上的载荷，说明量表具有较好的判别效度。

5.1.3 结构模型

1. 结构模型的原理

结构模型描述了潜变量之间的关系，通常写成（侯杰泰等，2004）：

$$\eta = B\eta + \Gamma\xi + \zeta \qquad (5.6)$$

其中，η 为内生变量；ξ 为外生变量；B 为内生变量间的关系；Γ 为外生变量对内生变量的影响；ζ 为结构方程的残差项，反映了 η 在方程中未能被解释的部分。

在使用偏最小二乘法（partial least square，PLS）方法时，测量模型 $y = \Lambda_y\eta + \varepsilon$ 的系数矩阵 Λ 和潜变量矩阵 η 均未知。从观测变量到结构变量的关系方程可表达为（赵玲，2011）：

$$\xi_p = \sum_{q=1}^{S(p)} \mu_{pq}\, x_{qp} \qquad (5.7)$$

$$\eta_i = \sum_{j=1}^{L(i)} \overline{\omega}_{ij}\, y_{ji} \qquad (5.8)$$

其中，$S(p)$ 表示与第 p 个外生变量 ξ_p 相关联的观测变量个数，$L(i)$ 表示与第 i 个内生变量 η_i 相关联的观测变量个数。

基于式（5.7）和最小二乘法则，即可求出 λ_{ij}、η_i、ξ_q 的最佳迭代初值（λ_{ij} 是系数矩阵 Λ_y 中的元素）。再 η_i、ξ_q 有了初值，代入基本结构方程中即可求得系数 β_{ij}、γ_{ij} 的解（β_{ij} 是系数矩阵 B 中的元素，γ_{ij} 是系数矩阵 Γ 中的元素）。再根据 β_{ij}、γ_{ij} 的解求得 η_i 的估计值。有了 η_i 的估计值，再与观测变量相关联，方程变为式（5.8）。这里，$L(i) \to L(i+1)$ 表示与第 i 个结构变量相关联的观测变量累加到与第 $i+1$ 个结构变量相关联的观测变量。从这个方程中，可以求出系数 $\overline{\omega}_{ij}$，经过偏最小二乘的反复迭代后，方程的解就会稳定下来。

2. PLS 模型检验

以学术博客采纳意愿模型为例。根据所提出的研究模型，构建其结构方程模型，如式（5.9）所示。

$$\begin{cases} \eta_1 = \gamma_{11}\,\xi_1 + \gamma_{13}\,\xi_3 + \gamma_{16}\,\xi_6 + \zeta_1 \\ \eta_2 = \gamma_{21}\,\xi_1 + \gamma_{23}\,\xi_3 + \gamma_{26}\,\xi_6 + \zeta_2 \\ \eta_3 = \gamma_{32}\,\xi_2 + \gamma_{34}\,\xi_4 + \gamma_{35}\,\xi_5 + \gamma_{36}\,\xi_6 + \zeta_3 \\ \eta_4 = \beta_{41}\,\eta_1 + \beta_{42}\,\eta_2 + \beta_{43}\,\eta_3 + \zeta_4 \\ \eta_5 = \beta_{51}\,\eta_1 + \beta_{52}\,\eta_2 + \beta_{53}\,\eta_3 + \zeta_5 \end{cases} \tag{5.9}$$

其中, η_1 表示对成员能力的信任, η_2 表示对成员正直/善行的信任, η_3 表示对服务提供商的信任, η_4 表示获取信息/知识的意愿, η_5 表示共享信息/知识的意愿; ξ_1 表示对成员的熟悉, ξ_2 表示对服务提供商的熟悉, ξ_3 表示感知的成员的声誉, ξ_4 表示感知的服务提供商的声誉, ξ_5 表示结构保证, ξ_6 表示信任倾向; γ 表示外生变量与内生变量之间的关系, β 表示内生变量与内生变量之间的关系, ζ 表示内生变量残差项。

其矩阵式则如公式 5.10 所示。

$$\begin{bmatrix} \eta_1 \\ \eta_2 \\ \eta_3 \\ \eta_4 \\ \eta_5 \end{bmatrix} = \begin{bmatrix} 0 & 0 & 0 & 0 & 0 \\ 0 & 0 & 0 & 0 & 0 \\ 0 & 0 & 0 & 0 & 0 \\ \beta_{41} & \beta_{42} & \beta_{43} & 0 & 0 \\ \beta_{51} & \beta_{52} & \beta_{53} & 0 & 0 \end{bmatrix} \begin{bmatrix} \eta_1 \\ \eta_2 \\ \eta_3 \\ \eta_4 \\ \eta_5 \end{bmatrix} + \begin{bmatrix} \gamma_{11} & 0 & \gamma_{13} & 0 & 0 & \gamma_{16} \\ \gamma_{21} & 0 & \gamma_{23} & 0 & 0 & \gamma_{26} \\ 0 & \gamma_{32} & 0 & \gamma_{34} & \gamma_{35} & \gamma_{36} \\ 0 & 0 & 0 & 0 & 0 & 0 \\ 0 & 0 & 0 & 0 & 0 & 0 \end{bmatrix} \begin{bmatrix} \xi_1 \\ \xi_2 \\ \xi_3 \\ \xi_4 \\ \xi_5 \\ \xi_6 \end{bmatrix} + \begin{bmatrix} \zeta_1 \\ \zeta_2 \\ \zeta_3 \\ \zeta_4 \\ \zeta_5 \end{bmatrix}$$

$$\tag{5.10}$$

5.2　学术博客采纳意愿的数据分析结果

5.2.1　数据预处理

1. 因子分析

因子分析通过 SPSS 20.0 进行。因子抽取的方法是"主成分法",因子旋转的方法选择"最大方差法"。Bartlett 球形度检验结果显示, KMO 值为 0.941, 且在 0.001 的水平上显著。根据 KMO 值的判断标准,说明数据间的相关性好,适合进行因子分析。

利用主成分分析法和最大方差旋转法提取公因子，析出 11 个因子，解释的总方差为 89.503%。表 5.2 显示了旋转后的因子载荷。可以看出，每个测度项在其相关联的变量上因子载荷值都大于 0.5，而在交叉变量上的因子载荷值则小于 0.5。

表 5.2　旋转后的因子载荷（采纳意愿）

项目	成分										
	1	2	3	4	5	6	7	8	9	10	11
SAI3	0.845	0.139	0.174	0.172	0.176	0.218	0.147	0.13	0.12	0.086	0.093
SAI2	0.829	0.169	0.211	0.17	0.165	0.186	0.172	0.18	0.142	0.032	0.058
SAI1	0.814	0.144	0.215	0.156	0.148	0.191	0.17	0.165	0.175	0.111	0.071
SAI4	0.793	0.109	0.182	0.109	0.214	0.167	0.161	0.146	0.144	0.129	0.211
DS2	0.127	0.871	0.131	0.118	0.208	0.165	0.13	0.11	0.099	0.064	0.125
DS1	0.106	0.859	0.18	0.123	0.205	0.189	0.085	0.058	0.144	0.111	0.082
DS3	0.17	0.798	0.169	0.178	0.253	0.159	0.164	0.147	0.146	0.026	0.027
DS4	0.133	0.794	0.144	0.198	0.272	0.186	0.148	0.156	0.144	-0.004	0.106
PRM2	0.193	0.146	0.834	0.165	0.186	0.147	0.093	0.152	0.173	0.067	0.112
PRM3	0.162	0.17	0.821	0.163	0.159	0.177	0.095	0.163	0.166	0.074	0.137
PRM1	0.174	0.237	0.739	0.193	0.117	0.204	0.14	0.224	0.208	0.038	0.004
PRM4	0.258	0.11	0.716	0.202	0.094	0.136	0.222	0.112	0.165	0.07	0.163
FO2	0.133	0.142	0.199	0.852	0.097	0.143	0.119	0.187	0.102	0.083	0.078
FO4	0.102	0.176	0.123	0.818	0.165	0.145	0.085	0.177	0.083	0.17	0.136
FO1	0.146	0.13	0.216	0.798	0.068	0.15	0.191	0.125	0.211	0.1	-0.064
FO3	0.191	0.145	0.133	0.766	0.138	0.188	0.087	-0.008	0.074	0.236	0.222
DA3	0.168	0.263	0.158	0.106	0.782	0.189	0.134	0.156	0.195	0.137	0.085
DA1	0.183	0.3	0.159	0.12	0.781	0.216	0.148	0.161	0.093	0.137	0.072
DA4	0.225	0.253	0.137	0.12	0.781	0.213	0.185	0.124	0.144	0.138	0.075
DA2	0.174	0.262	0.15	0.188	0.779	0.201	0.144	0.16	0.127	0.107	0.1
DT3	0.176	0.163	0.179	0.217	0.176	0.811	0.145	0.099	0.102	0.075	0.175
DT4	0.213	0.275	0.132	0.129	0.179	0.788	0.147	0.151	0.112	0.086	0.107
DT2	0.165	0.181	0.209	0.155	0.231	0.751	0.16	0.098	0.204	0.063	0.12
DT1	0.268	0.173	0.19	0.21	0.232	0.734	0.108	0.112	0.196	0.109	0.093

续表

项目	成分										
	1	2	3	4	5	6	7	8	9	10	11
TRS4	0.266	0.197	0.225	0.204	0.195	0.188	0.729	0.217	0.161	0.166	0.117
TRS2	0.22	0.19	0.164	0.208	0.211	0.16	0.716	0.288	0.2	0.178	0.179
TRS3	0.216	0.213	0.197	0.204	0.22	0.213	0.698	0.325	0.153	0.156	0.163
TRS1	0.278	0.203	0.18	0.114	0.217	0.234	0.627	0.366	0.113	0.206	0.158
PRP2	0.204	0.157	0.234	0.182	0.197	0.12	0.248	0.789	0.11	0.148	0.091
PRP1	0.253	0.156	0.199	0.178	0.172	0.14	0.255	0.779	0.119	0.186	0.109
PRP3	0.171	0.163	0.226	0.176	0.193	0.159	0.259	0.765	0.152	0.164	0.08
TRA2	0.217	0.205	0.409	0.158	0.158	0.213	0.183	0.105	0.699	0.015	0.141
TRA1	0.175	0.191	0.367	0.227	0.171	0.286	0.109	0.136	0.691	0.034	0.106
TRA3	0.195	0.184	0.154	0.14	0.208	0.123	0.156	0.16	0.677	0.139	0.425
TRA4	0.267	0.238	0.222	0.182	0.232	0.209	0.186	0.143	0.623	0.112	0.248
FSP2	0.141	0.084	0.099	0.305	0.214	0.152	0.224	0.222	0.088	0.809	0.115
FSP1	0.164	0.083	0.093	0.319	0.233	0.107	0.212	0.243	0.08	0.804	0.08
TRB2	0.197	0.19	0.223	0.179	0.083	0.238	0.21	0.124	0.271	0.043	0.74
TRB4	0.184	0.125	0.171	0.163	0.17	0.23	0.181	0.125	0.276	0.153	0.712
方差解释率/%	10.295	10.207	9.707	9.667	9.416	9.182	7.439	7.434	6.84	4.712	4.604
累积方差解释率/%	10.295	20.502	30.21	39.877	49.293	58.475	65.913	73.347	80.187	84.899	89.503

提取方法：主成分

旋转法：具有 Kaiser 标准化的正交旋转法；旋转在 8 次迭代后收敛

2. 共同方法偏差检验

如前所述，因子分析共析取了 11 个公因子，而非单个公因子；且第一个因子（也即所抽取的最大的因子）所解释的方差百分比是 10.295%，其比率在可接受的范围内，这说明不存在一般性因子。因此，不存在共同方法偏差，进而不会影响对结果的解释。

5.2.2 测量模型

如表 5.3 所示，描述每个构念的 Cronbach's α 系数、AVE 和 CR 值。可以发

现，各构念的 Cronbach's α 值均大于 0.70，这说明量表具有较高的信度。其 AVE 值也都大于 0.50，说明量表具有较好的收敛效度。每个构念的 CR 值也都大于 0.70，则说明量表具有较好的复合信度。

表 5.3　各构念的 Cronbach's α 系数、AVE 和 CR 值（采纳意愿）

构念	Cronbach's α 系数	AVE	CR
对成员的熟悉（FO）	0.935	0.837	0.954
对服务提供商的熟悉（FSP）	0.977	0.977	0.989
感知的服务提供商的声誉（PRP）	0.962	0.929	0.975
感知的成员的声誉（PRM）	0.937	0.845	0.956
结构保证（SAI）	0.968	0.913	0.977
信任倾向（DT）	0.946	0.861	0.961
对成员能力的信任（TRA）	0.935	0.839	0.954
对成员正直/善行的信任（TRB）	0.882	0.894	0.944
对服务提供商的信任（TRS）	0.965	0.905	0.974
获取意愿（DA）	0.959	0.890	0.970
共享意愿（DS）	0.963	0.901	0.973

表 5.4 显示了各构念的相关系数及其 AVE 均方根。可以看出，各构念的 AVE 均方根值都大于其与其他构念的相关系数，这意味着量表具有较好的判别效度。

表 5.4　各构念的相关系数及其 AVE 均方根（采纳意愿）

项目	FO	FSP	PRP	PRM	SAI	DT	TRA	TRB	TRS	DA	DS
FO	**0.915**										
FSP	0.597	**0.989**									
PRP	0.511	0.598	**0.964**								
PRM	0.532	0.407	0.591	**0.919**							
SAI	0.483	0.459	0.574	0.580	**0.956**						
DT	0.530	0.453	0.516	0.568	0.592	**0.928**					
TRA	0.544	0.447	0.570	0.699	0.612	0.641	**0.916**				
TRB	0.491	0.453	0.502	0.549	0.541	0.593	0.726	**0.946**			
TRS	0.550	0.629	0.760	0.600	0.642	0.614	0.651	0.626	**0.951**		
DA	0.467	0.538	0.568	0.521	0.562	0.618	0.604	0.493	0.631	**0.944**	
DS	0.471	0.366	0.491	0.513	0.472	0.565	0.578	0.477	0.566	0.650	**0.949**

注：对角线上粗体部分为各构念的 AVE 均方根

　　表5.5 描述了各测度项的外部载荷和交叉载荷。可以看出，各测度项的外部载荷值均大于0.70，表明量表具有较好的收敛效度。而各测度项在其所属的潜变量上的载荷大于其在其他潜变量上的载荷，这表明量表具有较好的判别效度。

表5.5　测度项的外部载荷和交叉载荷（采纳意愿）

构念	测度项	DA	DT	DS	FO	FSP	PRM	PRP	SAI	TRA	TRB	TRS
获取意愿（DA）	DA1	0.948	0.588	0.633	0.431	0.510	0.493	0.544	0.524	0.549	0.445	0.593
	DA2	0.942	0.582	0.611	0.475	0.512	0.495	0.536	0.525	0.566	0.482	0.592
	DA3	0.939	0.569	0.607	0.420	0.501	0.494	0.530	0.516	0.590	0.473	0.584
	DA4	0.945	0.592	0.603	0.437	0.507	0.486	0.533	0.555	0.574	0.461	0.612
信任倾向（DT）	DT1	0.599	0.924	0.518	0.526	0.449	0.552	0.489	0.598	0.628	0.551	0.576
	DT2	0.582	0.916	0.517	0.472	0.405	0.542	0.469	0.526	0.617	0.553	0.568
	DT3	0.543	0.942	0.493	0.515	0.417	0.517	0.462	0.525	0.568	0.566	0.560
	DT4	0.567	0.930	0.568	0.455	0.409	0.495	0.494	0.545	0.565	0.530	0.574
共享意愿（DS）	DS1	0.594	0.529	0.948	0.422	0.351	0.481	0.414	0.416	0.540	0.445	0.494
	DS2	0.595	0.516	0.958	0.413	0.337	0.455	0.447	0.430	0.520	0.456	0.525
	DS3	0.631	0.538	0.942	0.468	0.355	0.510	0.499	0.481	0.559	0.429	0.563
	DS4	0.644	0.558	0.947	0.482	0.347	0.499	0.498	0.461	0.574	0.479	0.563
对成员的熟悉(FO)	FO1	0.398	0.472	0.419	0.899	0.517	0.519	0.472	0.447	0.520	0.404	0.521
	FO2	0.414	0.479	0.431	0.941	0.524	0.514	0.505	0.441	0.492	0.445	0.507
	FO3	0.437	0.508	0.421	0.895	0.572	0.455	0.396	0.463	0.492	0.493	0.480
	FO4	0.459	0.480	0.453	0.924	0.568	0.461	0.499	0.415	0.485	0.451	0.504
对服务提供商的熟悉(FSP)	FSP1	0.535	0.431	0.360	0.592	0.989	0.399	0.597	0.459	0.434	0.434	0.619
	FSP2	0.528	0.463	0.364	0.588	0.989	0.407	0.586	0.449	0.450	0.463	0.626
感知的成员的声誉（PRM）	PRM1	0.487	0.546	0.525	0.501	0.370	0.905	0.576	0.526	0.645	0.478	0.566
	PRM2	0.502	0.512	0.462	0.481	0.370	0.950	0.535	0.533	0.647	0.501	0.531
	PRM3	0.489	0.532	0.478	0.482	0.371	0.942	0.541	0.514	0.648	0.513	0.535
	PRM4	0.438	0.498	0.422	0.492	0.386	0.878	0.520	0.559	0.629	0.524	0.572
感知的服务提供商的声誉（PRP）	PRP1	0.544	0.500	0.470	0.497	0.595	0.559	0.969	0.584	0.550	0.504	0.743
	PRP2	0.547	0.482	0.470	0.491	0.563	0.575	0.968	0.545	0.538	0.468	0.724
	PRP3	0.551	0.510	0.479	0.491	0.572	0.575	0.954	0.530	0.560	0.479	0.730

续表

构念	测度项	DA	DT	DS	FO	FSP	PRM	PRP	SAI	TRA	TRB	TRS
结构保证（SAI）	SAI1	0.527	0.566	0.453	0.471	0.454	0.571	0.561	0.956	0.600	0.515	0.623
	SAI2	0.537	0.564	0.474	0.474	0.404	0.569	0.566	0.965	0.584	0.499	0.621
	SAI3	0.534	0.581	0.448	0.472	0.437	0.539	0.526	0.966	0.568	0.497	0.597
	SAI4	0.550	0.551	0.429	0.431	0.460	0.538	0.539	0.935	0.588	0.558	0.612
对成员能力的信任（TRA）	TRA1	0.544	0.625	0.525	0.530	0.385	0.684	0.514	0.542	0.916	0.632	0.561
	TRA2	0.533	0.586	0.531	0.483	0.358	0.711	0.508	0.570	0.934	0.645	0.599
	TRA3	0.538	0.521	0.493	0.457	0.445	0.538	0.516	0.525	0.902	0.730	0.590
	TRA4	0.596	0.611	0.566	0.516	0.455	0.618	0.549	0.604	0.911	0.662	0.637
对成员正直/善行的信任（TRB）	TRB2	0.445	0.569	0.473	0.471	0.392	0.544	0.476	0.520	0.700	0.948	0.601
	TRB4	0.490	0.552	0.428	0.457	0.467	0.494	0.474	0.504	0.673	0.944	0.584
对服务提供商的信任（TRS）	TRS1	0.607	0.598	0.535	0.475	0.609	0.556	0.747	0.629	0.590	0.596	0.934
	TRS2	0.593	0.560	0.530	0.538	0.603	0.552	0.715	0.592	0.635	0.607	0.958
	TRS3	0.616	0.601	0.557	0.545	0.601	0.585	0.746	0.603	0.630	0.608	0.965
	TRS4	0.585	0.576	0.532	0.536	0.582	0.589	0.681	0.618	0.624	0.572	0.949

注：表中阴影部分为各测度项的外部载荷；其余数值为交叉载荷

5.2.3　结构模型

图 5.1 显示了 PLS 分析结果，描述各路径系数及其显著性水平。结果表明，在该模型中，获取或共享信息/知识的意愿的方差解释比例分别是 46.3% 和 39.7%；三种类型的信任被解释的方差比例分别是 58.9%（对成员能力的信任）、43.5%（对成员正直/善行的信任）和 69.2%（对服务提供商的信任）。就显著关系而言，除了对成员的熟悉与对成员能力的信任（$p<0.05$）以及与对成员正直/善行的信任（$p<0.01$）外，其他关系均为显著的正相关关系（$p<0.001$）。此外，对成员正直/善行的信任与获取信息/知识的意愿之间不存在显著关系（$\beta=-0.020$，$t=0.405$），H5c 不成立；对成员正直/善行的信任与共享信息/知识的意愿之间也不存在显著关系（$\beta=0.014$，$t=0.264$），H5d 不成立。而其他假设都得到了支持。

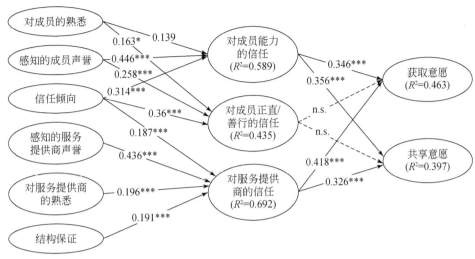

图 5.1 路径系数及其显著性水平（采纳意愿）

* $p<0.05$，** $p<0.01$，*** $p<0.001$

5.3 学术博客采纳行为的数据分析结果

5.3.1 数据预处理

1. 因子分析

因子分析通过 SPSS 20.0 进行。因子抽取的方法是"主成分法"，因子旋转的方法选择"最大方差法"。Bartlett 球形度检验结果显示，KMO 值为 0.844，且在 0.001 水平下显著。根据 KMO 值的判断标准，说明数据间的相关性好，适合进行因子分析。

表 5.6 显示了旋转后的因子载荷。因子分析共析取出 7 个因子，方差解释率是 78.130%，每个测度项所提取的公因子方差均介于 0.654 和 0.872。可以看出，每个测度项的因子载荷值均大于 0.40；且每个测度项在其相关联的变量上的因子载荷值均大于 0.5，而在其他变量上的因子载荷值则均小于 0.5。

表5.6　旋转后的因子载荷（采纳行为）

项目	成分						
	1	2	3	4	5	6	7
FEA2	0.904	−0.030	−0.024	0.151	−0.079	−0.088	0.130
FEA3	0.888	−0.101	−0.078	0.189	0.092	0.019	0.104
FEA4	0.871	−0.115	−0.078	0.249	0.070	0.015	0.055
FEA1	0.851	−0.071	0.098	0.148	−0.149	−0.024	0.160
ENJ2	−0.050	0.837	0.081	−0.157	0.212	0.189	−0.018
ENJ1	−0.124	0.835	0.207	−0.067	0.197	0.224	−0.005
ENJ3	−0.134	0.811	0.145	−0.092	0.222	0.244	0.055
TRU3	−0.049	0.118	0.886	−0.007	0.147	0.068	0.017
TRU2	0.047	0.060	0.847	−0.131	0.157	0.076	0.105
TRU4	−0.094	0.445	0.630	0.003	0.182	0.217	−0.141
DOU1	0.171	−0.014	−0.102	0.830	0.036	−0.078	0.107
DOU2	0.255	−0.080	−0.024	0.816	−0.117	0.021	0.116
DOU3	0.282	−0.224	−0.019	0.734	−0.081	−0.053	0.191
REP3	−0.028	0.241	0.178	−0.044	0.859	0.115	0.088
REP2	−0.002	0.257	0.206	−0.085	0.849	0.133	0.010
REP1	−0.063	0.386	0.475	−0.033	0.550	0.176	−0.041
KES2	−0.048	0.217	0.083	−0.131	0.081	0.802	0.238
KES3	−0.075	0.230	0.094	−0.029	0.120	0.746	−0.121
KES1	0.084	0.195	0.146	0.060	0.122	0.706	−0.343
GRE4	0.159	−0.025	0.045	0.225	0.203	0.040	0.766
GRE3	0.277	0.051	0.017	0.183	−0.115	−0.182	0.756
方差解释率/%	16.350	13.193	11.155	10.509	10.132	9.599	7.192
累积方差解释率/%	16.350	29.543	40.698	51.207	61.339	70.938	78.130

提取方法：主成分

旋转法：具有 Kaiser 标准化的正交旋转法；旋转在 7 次迭代后收敛

2. 共同方法偏差检验

如前所述，因子分析共析取了 7 个公因子；且第一个因子（即所抽取的最大的因子）所解释的方差百分比是 16.350%，其比率在可接受的范围内。因此，不存在共同方法偏差，进而不会影响对结果的解释。

5.3.2　测量模型

表 5.7 列出每个构念的 Cronbach's α 系数、AVE 和 CR 值。可以看出，各构念的 Cronbach's α 值均大于 0.70，这说明量表具有较高的信度。其 AVE 值也都大于 0.50，说明量表具有较好的收敛效度。每个构念的 CR 值也都大于 0.70，则说明量表具有较好的复合信度。

表 5.7　各构念的 Cronbach's α 系数、AVE 和 CR 值（采纳行为）

构念	Cronbach's α	AVE	CR
价值怀疑（DOU）	0.815	0.719	0.884
乐于助人（EH）	0.901	0.834	0.938
忧虑感（FEA）	0.931	0.82	0.948
私欲（GRE）	0.613	0.658	0.783
知识交流与共享（KES）	0.725	0.645	0.845
声誉（REP）	0.858	0.777	0.913
人际信任（TRU）	0.807	0.705	0.877

此外，表 5.8 显示了各构念的相关系数及其 AVE 均方根。可以发现，各构念的 AVE 均方根都大于其与其他构念的相关系数，这意味着量表具有较好的判别效度。

表 5.8　各构念的相关系数及其 AVE 均方根（采纳行为）

构念	DOU	EH	FEA	GRE	KES	RES	TRU
DOU	**0.848**						
EH	−0.292	**0.913**					
FEA	0.482	−0.221	**0.905**				
GRE	0.405	−0.084	0.406	**0.811**			

续表

构念	DOU	EH	FEA	GRE	KES	RES	TRU
KES	−0.162	0.520	−0.101	−0.206	**0.803**		
RES	−0.188	0.596	−0.116	−0.040	0.410	**0.882**	
TRU	−0.183	0.503	−0.118	−0.066	0.384	0.585	**0.840**

注：对角线上粗体部分为各构念的 AVE 均方根

　　进一步，表5.9描述了各测度项的外部载荷和交叉载荷。可以看出，各测度项的外部载荷值均大于 0.70，表明量表具有较好的收敛效度。而各测度项在其所属的潜变量上的载荷大于其在其他潜变量上的载荷，这表明量表具有较好的判别效度。

表5.9　测度项的外部载荷和交叉载荷（采纳行为）

构念	测度项	DOU	EH	FEA	GRE	KES	RES	TRU
价值怀疑 （DOU）	DOU1	0.824	−0.165	0.356	0.293	−0.120	−0.090	−0.138
	DOU2	0.810	−0.222	0.418	0.340	−0.081	−0.177	−0.122
	DOU3	0.905	−0.323	0.452	0.389	−0.178	−0.202	−0.186
乐于助人 （EH）	EH1	−0.248	0.927	−0.206	−0.093	0.488	0.559	0.513
	EH2	−0.310	0.887	−0.176	−0.072	0.448	0.529	0.411
	EH3	−0.246	0.925	−0.221	−0.067	0.488	0.545	0.452
忧虑感 （FEA）	FEA1	0.419	−0.214	0.901	0.399	−0.082	−0.123	−0.047
	FEA2	0.434	−0.195	0.959	0.389	−0.131	−0.131	−0.132
	FEA3	0.451	−0.188	0.880	0.346	−0.051	−0.052	−0.120
	FEA4	0.486	−0.215	0.879	0.322	−0.059	−0.075	−0.130
私欲（GRE）	GRE3	0.380	−0.098	0.389	0.986	−0.219	−0.071	−0.083
	GRE4	0.331	0.020	0.292	0.587	−0.045	0.131	0.048
知识交流 与共享 （KES）	KES1	−0.081	0.380	−0.025	−0.268	0.789	0.319	0.318
	KES2	−0.153	0.443	−0.084	−0.025	0.795	0.327	0.293
	KES3	−0.155	0.431	−0.132	−0.201	0.825	0.342	0.316
声誉（REP）	REP1	−0.181	0.577	−0.133	−0.060	0.416	0.872	0.630
	REP2	−0.179	0.497	−0.078	−0.045	0.344	0.897	0.457
	REP3	−0.129	0.486	−0.087	0.010	0.307	0.875	0.425

续表

构念	测度项	DOU	EH	FEA	GRE	KES	RES	TRU
人际信任 （TRU）	TRU2	−0.130	0.285	−0.007	0.064	0.219	0.439	0.783
	TRU3	−0.106	0.320	−0.067	−0.032	0.232	0.468	0.837
	TRU4	−0.195	0.560	−0.166	−0.129	0.434	0.545	0.895

注：表中阴影部分为各测度项的外部载荷；其余数值为交叉载荷

　　同时，考虑到表 5.8 中有些变量间的相关系数值偏高，也检验了共线性问题。结果显示，所有构念的 VIF 值（1.377 ~1.940）都在可接受的范围之内。

5.3.3　结构模型

　　图 5.2 显示了 PLS 的分析结果，描述了各路径系数及其显著性水平。结果表明，学术博客知识交流 & 共享行为的方差解释比例是 42.5% 。就显著关系而言，人际信任、乐于助人、私欲显著影响学术博客知识交流 & 共享行为，而人际信任对私欲与学术博客知识交流 & 共享行为的关系起着调节作用，因此假设 H1、H2、H4a、H4b 得到支持。而声誉、忧虑感、价值怀疑与学术博客知识交流 & 共享行为之间不存在显著关系，且人际信任对它们的关系也不发挥调节作用，因此假设 H3a、H3b、H5a、H5b、H6a 和 H6b 没有得到支持。

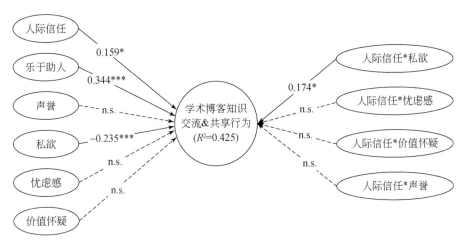

图 5.2　路径系数及其显著性水平（采纳行为）

$+p < 0.10$，$*~p < 0.50$，$**~p < 0.01$，$***~p < 0.001$

5.4 学术博客持续意愿的数据分析结果

5.4.1 基于扩展的 ECT-IS 模型

1. 数据预处理

如前所述，因子分析通过 SPSS 20.0 进行。因子抽取的方法是"主成分法"，因子旋转的方法选择"最大方差法"。Bartlett 球形度检验结果显示，KMO 值为 0.922，且在 0.001 水平下显著。根据 KMO 值的判断标准，说明数据间的相关性好，适合进行因子分析。

表 5.10 显示了旋转后的因子载荷。因子分析共析取出 6 个因子，方差解释率是 86.934%；每个测度项所提取的公因子方差均介于 0.744 和 0.943 之间。可以看出，每个测度项的因子载荷值均大于 0.40；且每个测度项在其相关联的变量上的因子载荷值均大于 0.5，而在其他变量上的因子载荷值则均小于 0.5。

表 5.10 旋转后的因子载荷（扩展的 ECT-IS 模型）

项目	成分					
	1	2	3	4	5	6
PU2	0.906	0.098	0.146	0.125	0.132	0.109
PU3	0.898	0.140	0.070	0.139	0.117	0.093
PU4	0.890	0.064	0.096	0.069	0.166	0.102
PU1	0.762	0.293	0.055	0.258	0.018	0.091
CI3	0.150	0.809	0.202	0.125	0.227	0.178
CI2	0.241	0.803	0.141	0.174	0.161	0.243
CI1	0.162	0.792	0.188	0.177	0.172	0.303
CONN2	0.125	0.096	0.872	0.164	0.236	0.149
CONN3	0.078	0.164	0.857	0.152	0.222	0.207
CONN1	0.133	0.251	0.808	0.191	0.148	0.126
PV3	0.167	0.179	0.207	0.817	0.238	0.157
PV1	0.240	0.165	0.212	0.788	0.279	0.265
PV2	0.233	0.188	0.184	0.784	0.276	0.284
ENJ2	0.171	0.240	0.233	0.280	0.820	0.153

续表

项目	成分					
	1	2	3	4	5	6
ENJ1	0.207	0.173	0.221	0.327	0.794	0.149
ENJ3	0.113	0.217	0.286	0.186	0.786	0.265
SAT2	0.188	0.357	0.247	0.313	0.220	0.757
SAT1	0.162	0.346	0.262	0.283	0.277	0.744
SAT3	0.176	0.420	0.230	0.297	0.218	0.715
方差解释率/%	18.221	14.716	14.589	13.994	13.668	11.747
累积方差解释率/%	18.221	32.936	47.525	61.519	75.187	86.934

提取方法：主成分

旋转法：具有 Kaiser 标准化的正交旋转法；旋转在 6 次迭代后收敛

此外，因子分析共析取了 6 个公因子；且第一个因子（也即所抽取的最大的因子）所解释的方差百分比是 18.221%，其比率在可接受的范围内。因此，不存在共同方法偏差，进而不会影响对结果的解释。

2. 测量模型

表 5.11 列出了每个构念的 Cronbach's α 系数、AVE、CR 值、平均值和标准差。可以看出，各构念的 Cronbach's α 值均大于 0.70，这说明量表具有较高的信度。其 AVE 值也都大于 0.50，说明量表具有较好的收敛效度。每个构念的 CR 值也都大于 0.70，则说明量表具有较好的复合信度。

表 5.11　各构念的 Cronbach's α 系数、AVE 和 CR 值（扩展的 ECT-IS 模型）

项目	Cronbach's α 系数	AVE	CR
持续意愿（CI）	0.898	0.831	0.936
期望确认（CON）	0.918	0.859	0.948
愉悦感（ENJ）	0.932	0.880	0.957
感知有用性（PU）	0.927	0.822	0.949
感知的价值（PV）	0.932	0.881	0.957
满意（SAT）	0.959	0.925	0.974

表 5.12 显示了各构念的相关系数及其 AVE 均方根。可以看出，各构念的 AVE 均方根值都大于其与其他构念的相关系数，这意味着量表具有较好的判别效度。

表 5.12　各构念的相关系数及其 AVE 均方根（扩展的 ECT-IS 模型）

构念	CI	CON	ENJ	PU	PV	SAT
CI	**0.911**					
CON	0.471	**0.927**				
ENJ	0.557	0.500	**0.938**			
PU	0.440	0.621	0.400	**0.907**		
PV	0.531	0.553	0.665	0.471	**0.939**	
SAT	0.734	0.550	0.641	0.430	0.694	**0.962**

注：对角线上粗体部分为各构念的 AVE 均方根

进一步，表 5.13 描述了各测度项的外部载荷和交叉载荷。可以看出，各测度项的外部载荷值均大于 0.70，表明量表具有较好的收敛效度。而各测度项在其所属的潜变量上的载荷大于其在其他潜变量上的载荷，这表明量表具有较好的判别效度。

表 5.13　测度项的外部载荷和交叉载荷（扩展的 ECT-IS 模型）

构念	CI	CON	ENJ	PU	PV	SAT
CI1	0.927	0.420	0.510	0.387	0.507	0.704
CI2	0.914	0.453	0.498	0.448	0.490	0.669
CI3	0.892	0.414	0.514	0.367	0.455	0.633
CON1	0.446	0.906	0.495	0.580	0.553	0.524
CON2	0.441	0.939	0.437	0.586	0.463	0.479
CON3	0.423	0.936	0.459	0.561	0.520	0.525
ENJ1	0.495	0.474	0.932	0.411	0.656	0.579
ENJ2	0.543	0.472	0.954	0.386	0.639	0.595
ENJ3	0.527	0.463	0.928	0.331	0.579	0.628
PU1	0.463	0.580	0.341	0.859	0.462	0.431
PU2	0.384	0.567	0.384	0.938	0.432	0.394
PU3	0.395	0.560	0.360	0.928	0.425	0.378
PU4	0.341	0.539	0.364	0.899	0.381	0.348
PV1	0.507	0.527	0.643	0.467	0.953	0.672
PV2	0.524	0.502	0.638	0.462	0.955	0.685
PV3	0.461	0.532	0.589	0.394	0.907	0.593
SAT1	0.692	0.511	0.639	0.400	0.664	0.959
SAT2	0.698	0.537	0.609	0.426	0.679	0.972
SAT3	0.729	0.538	0.601	0.415	0.660	0.954

3. 结构模型

如图5.3所示，显示了 PLS 的分析结果，描述了各路径系数及其显著性水平。结果显示，持续意愿、满意和感知有用性的方差解释比例分别是 56.8%、56.3% 和 38.6%。就显著关系而言，除了感知的价值与持续意愿（$\beta = -0.067$，$t = 1.134$）、感知有用性与满意感（$\beta = 0.020$，$t = 0.577$）之间不存在显著关系之外，其他路径均存在显著关系。即假设 H1、H2、H4、H5、H6a、H6b 和 H7a 成立，假设 H7b 和 H3 不成立。

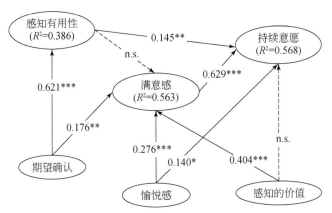

图 5.3　路径系数及其显著性水平（扩展的 ECT-IS 模型）
*$p<0.05$，**　$p<0.01$，***　$p<0.001$

5.4.2　S-O-R 模型

1. 数据预处理

因子分析通过 SPSS 20.0 进行。因子抽取的方法是"主成分法"，因子旋转的方法选择"最大方差法"。Bartlett 球形度检验结果显示，KMO 值为 0.923，且在 0.001 水平下显著。根据 KMO 值的判断标准，说明数据间的相关性好，适合进行因子分析。

表 5.14 显示了旋转后的因子载荷。因子分析共析取出 6 个因子，方差解释率是 87.237%，每个测度项所提取的公因子方差均介于 0.763 和 0.944 之间。可以看出，每个测度项的因子载荷值均大于 0.40；且每个测度项在其相关联的变

量上的因子载荷值均大于 0.5，而在其他变量上的因子载荷值则均小于 0.5。

表 5.14　旋转后的因子载荷（S-O-R 模型）

项目	成分					
	1	2	3	4	5	6
AES3	0.900	0.179	0.129	0.146	0.208	0.135
AES2	0.875	0.213	0.170	0.108	0.166	0.144
AES1	0.874	0.155	0.136	0.139	0.177	0.131
AES4	0.799	0.206	0.142	0.197	0.235	0.105
INT3	0.211	0.871	0.176	0.176	0.113	0.176
INT4	0.177	0.866	0.192	0.162	0.152	0.121
INT2	0.229	0.846	0.239	0.174	0.122	0.179
INT1	0.157	0.832	0.175	0.120	0.147	0.215
FL3	0.104	0.152	0.888	0.127	0.115	−0.005
FL4	0.154	0.203	0.870	0.174	0.090	0.107
FL2	0.134	0.190	0.857	0.123	0.205	0.160
FL1	0.195	0.206	0.723	0.120	0.330	0.191
CI2	0.173	0.174	0.138	0.806	0.164	0.269
CI1	0.157	0.166	0.186	0.803	0.148	0.320
CI3	0.194	0.206	0.185	0.801	0.178	0.171
ENJ2	0.322	0.200	0.253	0.244	0.787	0.165
ENJ1	0.333	0.195	0.255	0.170	0.776	0.193
ENJ3	0.279	0.165	0.272	0.202	0.741	0.281
SAT2	0.195	0.299	0.149	0.357	0.228	0.784
SAT1	0.222	0.307	0.134	0.344	0.271	0.754
SAT3	0.200	0.260	0.190	0.415	0.204	0.743
方差解释率/%	17.772	17.435	16.225	13.113	11.520	11.171
累积方差解释率/%	17.772	35.207	51.432	64.545	76.066	87.237

提取方法：主成分

旋转法：具有 Kaiser 标准化的正交旋转法；

旋转在 6 次迭代后收敛

　　此外，因子分析共析取了 6 个公因子；且第一个因子（也即所抽取的最大的因子）所解释的方差百分比是 17.772%，其比率在可接受的范围内。因此，不存在共同方法偏差，进而不会影响对结果的解释。

2. 测量模型

表 5.15 列出了每个构念的 Cronbach's α 系数、AVE 和 CR 值。可以看出，各构念的 Cronbach's α 值均大于 0.70，这说明量表具有较高的信度。其 AVE 值也都大于 0.50，说明量表具有较好的收敛效度。每个构念的 CR 值也都大于 0.70，则说明量表具有较好的复合信度。

表 5.15　各构念的 Cronbach's α 系数、AVE 和 CR 值（S-O-R 模型）

项目	Cronbach's α 系数	AVE	CR
美感（AES）	0.953	0.877	0.966
持续意愿（CI）	0.898	0.831	0.936
愉悦感（ENJ）	0.932	0.880	0.957
沉浸感（FL）	0.927	0.819	0.948
感知的交互性（INT）	0.953	0.878	0.966
满意（SAT）	0.959	0.925	0.974

表 5.16 显示了各构念的相关系数及其 AVE 均方根。可以看出，各构念的 AVE 均方根值都大于其与其他构念的相关系数，这意味着量表具有较好的判别效度。

表 5.16　各构念的相关系数及其 AVE 均方根（S-O-R 模型）

构念	AES	CI	ENJ	FL	INT	SAT
AES	**0.937**					
CI	0.460	**0.911**				
ENJ	0.625	0.557	**0.938**			
FL	0.423	0.454	0.584	**0.905**		
INT	0.489	0.486	0.504	0.497	**0.937**	
SAT	0.503	0.734	0.640	0.463	0.597	**0.962**

注：对角线上粗体部分为各构念的 AVE 均方根

进一步，表 5.17 描述了各测度项的外部载荷和交叉载荷。可以看出，各测度项的外部载荷值均大于 0.70，表明量表具有较好的收敛效度。而各测度项在其所属的潜变量上的载荷大于其在其他潜变量上的载荷，这表明量表具有较好的判别效度。

表 5.17　测度项的外部载荷和交叉载荷（S-O-R 模型）

项目	AES	CI	ENJ	FL	INT	SAT
AES1	0.929	0.416	0.565	0.379	0.426	0.455
AES2	0.944	0.411	0.577	0.413	0.479	0.472
AES3	0.969	0.436	0.602	0.390	0.456	0.481
AES4	0.903	0.459	0.598	0.403	0.467	0.475
CI1	0.411	0.927	0.510	0.422	0.441	0.705
CI2	0.415	0.911	0.498	0.392	0.433	0.669
CI3	0.433	0.895	0.513	0.427	0.456	0.633
ENJ1	0.599	0.496	0.934	0.548	0.474	0.580
ENJ2	0.601	0.543	0.954	0.551	0.484	0.595
ENJ3	0.560	0.527	0.925	0.546	0.459	0.628
FL1	0.447	0.443	0.617	0.885	0.481	0.489
FL2	0.381	0.419	0.544	0.937	0.460	0.442
FL3	0.307	0.340	0.444	0.883	0.384	0.298
FL4	0.375	0.424	0.481	0.915	0.460	0.415
INT1	0.423	0.431	0.457	0.442	0.909	0.553
INT2	0.492	0.478	0.495	0.504	0.951	0.582
INT3	0.472	0.468	0.467	0.452	0.952	0.572
INT4	0.442	0.445	0.467	0.463	0.936	0.529
SAT1	0.501	0.692	0.638	0.434	0.587	0.959
SAT2	0.475	0.697	0.608	0.438	0.581	0.971
SAT3	0.476	0.729	0.601	0.464	0.555	0.955

注：表中阴影部分为各测度项的外部载荷；其余数值为交叉载荷

3. 结构模型

图 5.4 显示了 PLS 的分析结果，描述了各路径系数及其显著性水平。结果显示，持续意愿、满意、沉浸感和愉悦感的方差解释比例分别是 56.0%、42.2%、39.7% 和 44.2。除美感（$\beta = 0.013$，$t = 0.283$）与沉浸感之间的关系不显著之外，其他路径均存在显著关系。即假设 H1a、H2a、H2b、H3、H4、H5、H6、H7 和 H8 成立，假设 H1b 不成立。

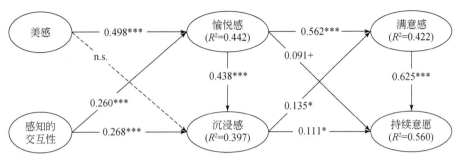

图 5.4　路径系数及其显著性水平（S-O-R 模型）

$+p<0.1$，　$* \ p<0.05$，　$*** \ p<0.001$

5.4.3　交互性与沉浸感模型

1. 数据预处理

因子分析通过 SPSS 20.0 进行。因子抽取的方法是"主成分法"，因子旋转的方法选择"最大方差法"。Bartlett 球形度检验结果显示，KMO 值为 0.908，且在 0.001 水平下显著。根据 KMO 值的判断标准，说明数据间的相关性好，适合进行因子分析。

表 5.18 显示了旋转后的因子载荷。因子分析共析取出 6 个因子，方差解释率是 86.096%，每个测度项所提取的公因子方差均介于 0.771 和 0.938 之间。可以看出，每个测度项的因子载荷值均大于 0.40；且每个测度项在其相关联的变量上的因子载荷值均大于 0.5，而在其他变量上的因子载荷值则均小于 0.5。

表 5.18　旋转后的因子载荷（交互性与沉浸感模型）

项目	成分					
	1	2	3	4	5	6
FL2	0.878	0.135	0.171	0.115	0.127	0.176
FL4	0.867	0.186	0.155	0.074	0.172	0.097
FL3	0.866	0.134	0.196	0.083	0.169	−0.055
FL1	0.782	0.127	0.142	0.173	0.154	0.266
CI3	0.206	0.813	0.121	0.180	0.181	0.189
CI1	0.189	0.805	0.105	0.191	0.171	0.307

续表

项目	成分					
	1	2	3	4	5	6
CI2	0.157	0.801	0.097	0.248	0.122	0.274
RES3	0.205	0.098	0.899	0.156	0.174	0.118
RES2	0.212	0.109	0.891	0.147	0.178	0.117
RES1	0.200	0.116	0.793	0.209	0.221	0.195
PC2	0.116	0.204	0.170	0.855	0.144	0.199
PC3	0.182	0.211	0.148	0.835	0.181	0.187
PC1	0.093	0.196	0.206	0.767	0.246	0.184
CONN2	0.171	0.120	0.254	0.182	0.857	0.147
CONN3	0.229	0.157	0.187	0.168	0.834	0.220
CONN1	0.219	0.225	0.169	0.243	0.765	0.147
SAT2	0.167	0.362	0.204	0.276	0.226	0.781
SAT1	0.158	0.357	0.224	0.269	0.248	0.762
SAT3	0.207	0.417	0.168	0.263	0.207	0.741
方差解释率/%	17.868	14.308	14.306	13.832	13.539	12.243
累积方差解释率/%	17.868	32.175	46.481	60.314	73.852	86.096

提取方法：主成分

旋转法：具有 Kaiser 标准化的正交旋转法；旋转在 6 次迭代后收敛

此外，因子分析共析取了 6 个公因子；且第一个因子（也即所抽取的最大的因子）所解释的方差百分比是 17.868%，其比率在可接受的范围内。因此，不存在共同方法偏差，进而不会影响对结果的解释。

2. 测量模型

表 5.19 列出了每个构念的 Cronbach's α 系数、AVE 和 CR 值。可以看出，各构念的 Cronbach's α 值均大于 0.70，这说明量表具有较高的信度。其 AVE 值也都大于 0.50，说明量表具有较好的收敛效度。每个构念的 CR 值也都大于 0.70，说明量表具有较好的复合信度。

表 5.19　各构念的 Cronbach's α 系数、AVE 和 CR 值（交互性与沉浸感模型）

项目	Cronbach's α 系数	AVE	CR
CI	0.898	0.831	0.936
CONN	0.913	0.853	0.945
FL	0.927	0.820	0.948
PC	0.900	0.833	0.937
RES	0.934	0.883	0.958
SAT	0.959	0.925	0.974

表 5.20 显示了各构念的相关系数及其 AVE 均方根。可以看出，各构念的 AVE 均方根值都大于其与其他构念的相关系数，这意味着量表具有较好的判别效度。

表 5.20　各构念的相关系数及其 AVE 均方根（交互性与沉浸感模型）

项目	CI	CONN	FL	PC	RES	SAT
CI	**0.911**					
CONN	0.487	**0.923**				
FL	0.452	0.485	**0.906**			
PC	0.546	0.529	0.383	**0.913**		
RES	0.374	0.520	0.470	0.469	**0.940**	
SAT	0.734	0.574	0.460	0.620	0.494	**0.962**

注：对角线上粗体部分为各构念的 AVE 均方根

进一步，表 5.21 描述了各测度项的外部载荷和交叉载荷。可以看出，各测度项的外部载荷值均大于 0.70，表明量表具有较好的收敛效度。而各测度项在其所属的潜变量上的载荷大于其在其他潜变量上的载荷，这表明量表具有较好的判别效度。

表 5.21　测度项的外部载荷和交叉载荷（交互性与沉浸感模型）

项目	CI	CONN	FL	PC	RES	SAT
CI1	0.928	0.460	0.421	0.501	0.348	0.704
CI2	0.911	0.420	0.390	0.518	0.331	0.669
CI3	0.894	0.452	0.425	0.476	0.345	0.632
CONN1	0.483	0.897	0.452	0.511	0.459	0.530

续表

项目	CI	CONN	FL	PC	RES	SAT
CONN2	0.405	0.934	0.417	0.475	0.508	0.504
CONN3	0.458	0.938	0.470	0.479	0.477	0.553
FL1	0.443	0.459	0.880	0.404	0.426	0.489
FL2	0.419	0.435	0.936	0.354	0.441	0.441
FL3	0.340	0.413	0.888	0.292	0.419	0.298
FL4	0.424	0.444	0.918	0.324	0.415	0.415
PC1	0.487	0.506	0.327	0.882	0.443	0.555
PC2	0.498	0.453	0.331	0.929	0.421	0.570
PC3	0.511	0.490	0.388	0.926	0.422	0.573
RES1	0.380	0.517	0.441	0.474	0.913	0.502
RES2	0.340	0.475	0.444	0.420	0.950	0.445
RES3	0.332	0.472	0.437	0.425	0.956	0.441
SAT1	0.692	0.566	0.431	0.598	0.494	0.960
SAT2	0.698	0.553	0.435	0.602	0.479	0.972
SAT3	0.730	0.538	0.461	0.589	0.452	0.954

注：表中阴影部分为各测度项的外部载荷；其余数值为交叉载荷

3. 结构模型

如图5.5所示，显示了 PLS 的分析结果，描述了各路径系数及其显著性水

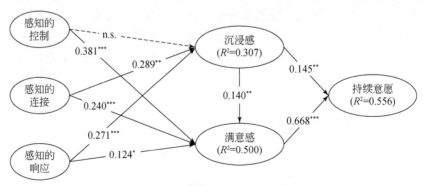

图 5.5　路径系数及其显著性水平（交互性与沉浸感模型）

$*p<0.05$，$**p<0.01$，$***p<0.001$

平。结果显示，持续意愿、满意和沉浸感的方差解释比例分别是 55.6%、50.0% 和 30.7%。除了感知的控制与沉浸感（$\beta = 0.103$，$t = 1.433$）之间的关系不显著之外，其他路径均存在显著关系。即假设 H1b、H2a、H2b、H3a、H3b、H4、H5 和 H6 成立，假设 H1a 不成立。

本 章 小 结

本章遵循规范的实证研究范式，针对研究所提出的五个理论模型，利用所搜集的有效样本数据，分别进行数据预处理、测量模型检验和结构模型检验，进而验证所提出模型的有效性以及假设是否成立。表 5.22 描述了研究所提出的所有假设的验证结果。

表 5.22 假设验证结果汇总表

研究假设	验证结果
学术博客采纳意愿模型：	
H1a：对其他成员的熟悉正向影响对成员能力的信任	成立
H1b：对其他成员的熟悉正向影响对成员正直/善行的信任	成立
H1c：对服务提供商的熟悉正向影响对服务提供商的信任	成立
H2a：感知的成员声誉正向影响对成员能力的信任	成立
H2b：感知的成员声誉正向影响对成员正直/善行的信任	成立
H2c：感知的服务提供商声誉正向影响对服务提供商的信任	成立
H3：结构保证的感知正向影响对服务提供商的信任	成立
H4a：信任倾向正向影响对其他成员能力的信任	成立
H4b：信任倾向正向影响对其他成员正直/善行的信任	成立
H4c：信任倾向正向影响对服务提供商的信任	成立
H5a：对成员能力的信任正向影响学术博客用户的获取意愿	成立
H5b：对成员能力的信任正向影响学术博客用户的共享意愿	成立
H5c：对成员正直/善行的信任正向影响学术博客用户的获取意愿	不成立
H5d：对成员正直/善行的信任正向影响学术博客用户的共享意愿	不成立
H5e：对服务提供商的信任正向影响学术博客用户的获取意愿	成立
H5f：对服务提供商的信任正向影响学术博客用户的共享意愿	成立

续表

研究假设	验证结果
学术博客采纳行为模型：	
H1：人际信任正向影响学术博客用户的知识交流与共享行为	成立
H2：乐于助人正向影响学术博客用户的知识交流与共享行为	成立
H3a：声誉正向影响学术博客用户的知识交流与共享行为	不成立
H3b：人际信任可以调节声誉对知识交流与共享行为的影响，即在人际信任度高的情况下，声誉的正向影响会增强	不成立
H4a：私欲负向影响学术博客用户的知识交流与共享行为	成立
H4b：人际信任可以调节私欲对知识交流与共享行为的影响，即在人际信任度高的情况下，私欲的负向影响会减弱	成立
H5a：忧虑感负向影响学术博客用户的知识交流与共享行为	不成立
H5b：人际信任可以调节忧虑感对知识交流与共享行为的影响，即在人际信任度高的情况下，忧虑感的负向影响会减弱	不成立
H6a：价值怀疑负向影响学术博客用户的知识交流与共享行为	不成立
H6b：人际信任可以调节价值怀疑对知识交流与共享行为的影响，即在人际信任度高的情况下，价值怀疑心理的负向影响会减弱	不成立
学术博客持续意愿——基于扩展的 ECT-IS 模型：	
H1：满意感正向影响学术博客用户的持续意愿	成立
H2：期望确认正向影响学术博客用户的满意感	成立
H3：感知有用性正向影响学术博客用户的满意感	不成立
H4：感知有用性正向影响学术博客用户的持续意愿	成立
H5：期望确认正向影响学术博客用户的感知有用性	成立
H6a：愉悦感正向影响学术博客用户的满意感	成立
H6b：愉悦感正向影响学术博客用户的持续意愿	成立
H7a：感知的价值正向影响学术博客用户的满意感	成立
H7b：感知的价值正向影响学术博客用户的持续意愿	不成立
学术博客持续意愿——S-O-R 模型：	
H1a：美感正向影响学术博客用户的愉悦感	成立
H1b：美感正向影响学术博客用户的沉浸感	不成立
H2a：交互性正向影响学术博客用户的愉悦感	成立
H2b：交互性正向影响学术博客用户的沉浸感	成立

续表

研究假设	验证结果
H3：愉悦感正向影响学术博客用户的沉浸感	成立
H4：愉悦感正向影响学术博客用户的满意感	成立
H5：愉悦感正向影响学术博客用户的持续意愿	成立
H6：沉浸感正向影响学术博客用户的满意感	成立
H7：沉浸感正向影响学术博客用户的持续意愿	成立
H8：满意感正向影响学术博客用户的持续意愿	成立
学术博客持续意愿——交互性与沉浸感模型：	
H1a：感知的控制正向影响学术博客用户的沉浸感	不成立
H1b：感知的控制正向影响学术博客用户的满意感	成立
H2a：感知的连接正向影响学术博客用户的沉浸感	成立
H2b：感知的连接正向影响学术博客用户的满意感	成立
H3a：感知的响应正向影响学术博客用户的沉浸感	成立
H3b：感知的响应正向影响学术博客用户的满意感	成立
H4：沉浸感正向影响学术博客用户的满意感	成立
H5：沉浸感正向影响学术博客用户的持续意愿	成立
H6：满意感正向影响学术博客用户的持续意愿	成立

第6章 结果讨论

在数据分析的基础上，需要进一步对结果进行讨论，以深入揭示影响学术博客用户行为的不同因素的作用机理。基于前面所提出的不同理论模型，本章将分别进行讨论。

6.1 学术博客采纳意愿[①]

研究致力于揭示学术博客采纳意愿的影响因素。特别地，从信任视角出发，分析信任是如何影响学术博客用户采纳意愿（获取和共享意愿），以及哪些因素影响不同类型信任的形成。结果显示，对成员的熟悉正向影响对成员能力的信任以及对成员正直/善行的信任。这与赵玲等（2009）的研究结论不完全一致。这是因为，不管是哪一类型的虚拟社区（兴趣型或交易型等），用户之间的互动都有助于他们相互之间更多的了解，尤其是对能力的了解。例如，通过阅读他人的博文或评论，可以逐渐熟悉该用户的研究兴趣、写作风格或行为特点等；又如，通过阅读他人的基本资料，可以熟悉该用户的隐私信息，如所在单位、研究兴趣、好友网络等；再如，通过与他人彼此间的交互，可以逐渐熟悉该用户。而对成员熟悉的增加将增强对该成员能力的信任。与此同时，熟悉与对成员正直/善行的信任的关系在不同类型的社区中却有所不同。对于交易型社区（如淘宝）而言，用户相互间认识的概率相比较小；同时，这一类型的社区主要是提供平台进行经验等交流以促进购买行为，较少涉及成员正直/善行的信息。而对学术博客社区来说，由于学术领域的相对狭窄性以及用户线下交流的可能性，用户相互之间认识的概率相对较高；同时通过后续的互动等行为，能够更好地促进对成员的信任。

与此同时，对服务提供商的熟悉显著影响对服务提供商的信任。这一研究结论与 Gefen（2000）以及 Gefen 等（2003）的结论相一致。当用户对学术博客所

---

① 本节内容原发表于《情报理论与实践》，见甘春梅和王伟军（2014，2015b）。

在的服务提供商感到熟悉时，他们在使用学术博客时就有了更多的确定性，如知道如何发表博文与评论，如何搜寻感兴趣的知识，如何保护知识产权等，这容易促使用户认可该服务提供商，即相信学术博客服务值得依赖、可靠等。此外，对服务提供商的熟悉意味着了解该服务提供商会尽力为成员考虑，并采取一定的措施保证用户的利益，这些都将促进用户对服务提供商的信任。反过来，当用户对服务提供商不熟悉时，他们往往不可能对服务提供商产生快速的信任。

而声誉也与信任呈显著的正相关关系。其中，感知的成员声誉显著影响对成员的信任，而感知的服务提供商声誉则显著影响对服务提供商的信任。声誉意味着良好的形象或口碑，代表了一种魅力和影响力。对成员或服务提供商而言，当他人认为他们具有好的声誉时，他们更容易获得来自他人的信任。例如，对那些在现实中已经有一定影响力或令人尊重的科研人员来说，他们的博客更容易吸引他人的关注，并影响他人的信任。又如，具有良好声誉的社区往往更容易吸引越来越多的用户，而声誉不佳的社区则往往渐趋于冷落甚至被迫关闭。

结果也显示，信任倾向显著影响对成员的信任以及对服务提供商的信任。这与已有的研究结论相一致，如 Ridings 等（2002）。如前所述，信任倾向是基于个体持续的、长期经历的和社会化过程而形成的对他人的一般性依赖意愿（Gefen，2000）。信任倾向体现了一种个人特质，与持续的互动或信息了解的多少无关。学术博客用户的信任倾向越大，意味着通常情况下这些用户更容易信任他人，更愿意相信人性的善良，更愿意相信人的可信任性等，因而他们越容易信任其他用户和服务提供商。反过来，学术博客用户的信任倾向程度越低，他们越不容易相信他人。例如，曾经受过欺骗的用户可能不会再轻易相信他人或服务提供商。而结构特征也显著影响对服务提供商的信任。这一结论与 Gefen 等（2003）的结论相一致。结构特征涉及站点保护性结构，如规章制度、声明与承诺等。在虚拟环境下，良好的结构特征意味着服务提供商提供了必要的安全保护措施，提供了一个稳健和安全的环境，提供了法律结构和技术结构上的保障，以及提供了有关安全保障的声明等（Gefen et al.，2003）。这些都将促使用户在使用学术博客时感觉到很安全和放心，进而促使用户形成对学术博客服务提供商的信任。反过来，当用户无法感知到好的结构特征或者经历过糟糕的结构特征时，如遭受来自他人的攻击却没法得到保护，个人隐私信息得到侵犯或泄露等，他们通常将不再信任学术博客服务提供商。此外，良好的结构特征也能够对用户发挥一种无形的约束作用，如用户知道哪些行为不可以存在以及可能受到的惩罚等，这将保证学术博客的良好运行与有效发展。

就采纳意愿而言，结果显示，对成员能力的信任显著增强用户获取与共享知识的意愿。这一结论与 Ridings 等（2002）一致。用户信任他人的能力意味着用户相信他人具有必要的知识和技能参与到学术博客的各类活动中，如撰写博文以与他人共享与交流知识，参与话题讨论，进行高质量的互动等。对成员能力的信任程度越高，用户往往更愿意通过学术博客来搜寻或了解相关的学术科研信息、寻求帮助或建议等。这是因为，对成员能力的信任在一定程度上能够保证共享与交流知识的质量以及互动的有效进行。另一方面，对成员能力的信任也会促进用户更加愿意共享知识。当用户了解到他人的能力时，他们往往也愿意参与到活动中，进而形成一种良好的交流与共享氛围。而这些高质量的互动也将促进用户自我的提升。例如，知名教授的博客通常更容易受到来自他人的关注、评论或留言，促进相互之间的知识交流与共享。

而现实中，学术博客知识获取与共享更多地依赖于内容本身；博主高质量的博文、评论等通常能够体现能力，这也是为什么高质量的博文通常会受到其他用户更多的关注与支持（如"点赞"或"推荐"）的原因。同时，对服务提供商的信任也显著增强用户的获取与共享意愿。这一结论与 Chai 和 Kim（2010）一致。信任服务提供商通常意味着相信服务提供商能够为用户的知识行为提供必要的技术保障与安全保障，并能尽可能地满足用户的需求；而这反过来将吸引更多的用户使用其提供的服务。例如，服务提供商提供必要的使用指南来引导用户如何有效地利用其服务；定期调研用户的需求以更好地改进自身服务并及时满足用户的各类需求；一切从用户角度出发，为用户着想；等等。因此，当用户了解到服务提供商是值得信赖时，他们通常会更愿意从中获取知识，并共享自身的知识。与预期相反的是，对成员正直/善行的信任对用户获取或共享意愿并不产生正向影响。可能的原因在于，一方面，国内学术博客采用的是实名制注册，很多用户相互之间已经在现实中认识或听闻过对方，因此其是否愿意获取或共享知识并不受制于对成员正直/善行的信任。另一方面，国内学术博客环境下，获取与共享的内容更多的是用户自身的科研感受与体会、已经公开发表的论文等，因此其他成员不会存在如机会主义等行为。换句话说，在这种情形下，用户是否愿意获取或共享知识在很大程度上并不直接依赖于对成员正直/善行的信任。

6.2　学术博客采纳行为[①]

研究旨在阐释促进或阻碍学术博客用户采纳行为（知识交流与共享行为）

---

① 本节内容原发表于《情报学报》，见王伟军等（2012）。

的心理因素。研究结果表明，就促进因素而言，乐于助人和人际信任显著影响学术博客用户知识交流与共享行为，其中乐于助人的作用最大。这一结论与 Kankanhalli 等（2005）、Chai 和 Kim（2010）的结论相一致。如前所述，乐于助人体现了用户通过交流与共享知识所感知到的满足感与愉悦感，这一变量类似于利他主义（Kankanhalli et al.，2005）。Davenport 和 Prusak（1998）认为，基于知识贡献者想帮助他人的欲望所形成的利他主义将促进他们贡献知识。当学术博客用户感知到他们所贡献的知识能够为他人带来帮助并拥有好的体验或感觉时，他们将更有动力去进行知识交流与共享行为。而人际信任意味着用户相互之间的信任，如相信他人的正直与善良等。学术博客用户之间的人际信任程度越高，用户就越不会担心其所贡献的知识会被他人不合理地利用，也不用担心其发表的博文或评论等会使自身受到不负责任的匿名评论或公开诽谤等。这种信任将促进用户的知识交流与共享行为。反过来，如果学术博客环境下的人际信任度很低，如用户担忧个人隐私信息的泄露、发表的科研想法被盗用、甚至遭受匿名的攻击或诽谤等，用户往往就不愿意与他人交流与共享，甚至可能不愿意继续使用学术博客。与预期相反的是，声誉对学术博客知识交流与共享行为不产生作用。这一结论与 Wasko 和 Faraj（2005）的观点相反，却与 Cho 等（2010）以及 Lai 和 Chen（2011）的研究结果相一致。可能的原因在于，对于学术博客用户来说，虚拟社区环境下所感知到的声誉目前还没有延伸到现实环境中，声誉的构建更主要依赖于现实环境中的学术科研成果。

　　研究结果也显示，就阻碍因素而言，私欲对学术博客知识交流与共享行为有显著的负向影响。这与 Lu 等（2006）、Jarvenpaa 和 Staples（2000）的研究结论相一致。私欲体现了用户的自私心理，也很容易造成搭便车行为。考虑到学术博客知识交流与共享的特殊性，私欲的存在会增强用户"只索取不付出"的心理，这将导致用户更多的时候希望获取更多的知识，而自身只贡献很少或不贡献任何知识。如拥有私欲的用户可能担忧贡献知识会使自身丧失知识权力或竞争优势，因而不愿意与他人交流与共享。而忧虑感与价值怀疑则对学术博客知识交流与共享行为不产生影响。可能的解释在于，当用户的私欲特别强时，他们就不会去贡献知识，因此也就不会担心知识产权或独特价值等的丧失，也不会怀疑自身知识的价值。另一种可能的解释在于，目前国内学术博客用户与他人交流与共享的知识更多涉及用户的科研体会或对学术领域某些现象的看法，而较少涉及与科研紧密相关的专业知识；因此，用户不会担忧他们在学术领域内的价值或地位会被削弱等，也不用担心所发表的评论或撰写的博文没有价值。

　　此外，人际信任的存在能够调节私欲对学术博客知识交流与共享行为的负向作用。即，较强的人际信任程度会减弱个体的私欲心理。这是因为，人际信任度高意味着用户之间的相互信赖以及自由的分享氛围，如相信他人不会滥用自己的个人信息，相信他人不会盗用自己的理念或成果等。这在一定程度上能够减弱私欲所引起的负向影响，促使用户愿意去交流与共享自身的知识，如评论他人的博文或记录相关话题的想法。

6.3 学术博客持续意愿：基于扩展的 ECT-IS 模型

研究旨在揭示 ECT-IS 模型对学术博客持续意愿的适用性以及享乐型要素（愉悦感和感知的价值）的作用。研究发现，用户满意感对学术博客持续使用意愿的作用最强，其次是感知有用性，再次是愉悦感。这一结果与 Kim（2010）、Barnes 和 Böhringer（2011）、Oghuma 等（2016）等的结论相一致。满意感反映了学术博客用户对站点及其服务的认可与接受。当用户对使用学术博客这一经历感到很满意时，如用户认为使用学术博客是正确的、感到很开心或认为自己的选择是明智的等（Bhattacherjee，2001），用户更倾向于持续使用这一站点。特别地，当用户对某一学术博客站点产生积极的感知时，这一满意感的形成将导致用户对该站点的持续使用。相反，如果学术博客服务提供商所提供的服务和内容不能给用户带来满意感，用户很有可能转向其他博客平台（转移行为）或很少参与使用该平台（停止使用行为）。如 Zhang 等（2009）提出，用户满意感是防止用户转移到其他博客服务提供商的重要因素。而感知有用性体现了用户使用学术博客所带来的工具性价值。当用户认为学术博客的使用对其工作或学习有帮助时，用户也倾向于持续使用学术博客。例如，学术博客的使用能够促使用户便捷、迅速地与他人进行知识的交流与共享；能够让用户通过多样化的形式（如图片、音频）自由地表达自身的想法；能够让用户通过互相评论或加入感兴趣的群组结识志同道合的人，等等。这是因为，对学术博客有用性的感知与体验能够满足用户使用学术博客的需求，进而促使用户持续使用。愉悦感是促使用户行为发生的内在动机，它体现了用户使用学术博客后所感受到的一种内在的快乐、乐趣等（van der Heijden，2003）。当学术博客用户拥有愉悦的体验时，他们更愿意继续使用学术博客。特别地，对于享乐型的信息系统来说，愉悦感的形成是促进用户持续使用意愿的重要因素（Li et al.，2015）。与此同时，研究显示，感知的价值对学术博客持续使用意愿不产生作用，这一结果与以往的研究结论不一致，如 Chen 和 Lin（2015）。为了解释这一现象，笔者单独检验了感知的价值对学术博客持续意愿的影响。结果显示，感知的价值显著影响学术博客持续意愿

（$\beta = 0.531$，$t = 11.262$）。这意味着，感知的价值通过影响其他变量（如用户满意感、感知有用性）来进一步对学术博客持续意愿产生作用。

　　研究也发现，愉悦感、感知的价值和期望确认对用户满意感产生显著的影响，其中愉悦感的作用最大，其次是感知的价值，再次是期望确认。这一结果与前人的研究结论相一致，如 Li 和 Liu（2014）、Kang 和 Lee（2010）、Chang 等（2014）、Lin 等（2012）。当用户对学术博客的使用产生愉悦感时，如用户认为使用学术博客的过程很快乐或有乐趣，他们更容易形成满意感。这是因为，愉悦感的形成与存在意味着学术博客用户感受到一种内在的乐趣，这将促使用户肯定与认可自己对学术博客及其服务的使用。反过来说，当用户在学术博客的使用过程中体验到了不愉快，如个人信息被盗用、遭受他人的攻击甚至诽谤时，用户则更容易对学术博客产生不满意感。此外，当用户从学术博客的使用中获取的收益（回报）大于其付出时，即感知的价值更高时，他们更可能对学术博客感到满意。换句话说，学术博客用户感知的收益（回报）越多，越有可能认为对博客的付出是值得的、有价值的，因此越容易产生满意感。这是因为，绝大部分学术博客用户是科研人员，他们用于撰写学术博客的时间和精力相对有限；当他们认为时间、精力和知识的付出是有价值的时，如有助于了解最新的领域动态、知晓好友的最新消息或与他人探讨并解决研究难题等，他们更容易产生心理上的满意感。而期望确认也能够促进学术博客用户满意感的形成。这是因为，用户使用学术博客后发现其最初的期望或需求得到了满足，更容易对学术博客产生满意感。反之，当用户的期望没有得到确认时，用户很有可能产生一种失落感或失望感。而感知有用性对用户满意感不产生作用。这一结论与以往的研究结论不一致，如 Ayanso 等（2015）。为了进一步揭示这一现象，笔者将期望确认与满意感的直接关系去掉后再检验整体模型。结果发现，感知有用性显著影响用户满意感（$\beta = 0.098$，$t = 2.209$）。这意味着，期望确认对用户满意感的作用超过感知有用性所产生的作用。即要促使学术博客用户产生满意感，期望确认的重要性要高于感知有用性。或者说，学术博客用户更加注重使用学术博客的期望（预期）是否得到了确认（满足）。

　　此外，期望确认显著影响感知有用性。这一结论与 Li 和 Liu（2014）、Wen 等（2011）等相一致。当用户对使用学术博客的期望得到确认后，他们更有可能认为学术博客是有用的。如学术博客所提供的便捷的交流平台，以及来自全国各地甚至海外的科研人员（如知名学者）等潜在的关系网络的存在与可利用，这些都有助于满足用户的期望，进而影响其对学术博客有用性的感知。反过来，如果用户的期望没有得到确认，他们则倾向于认为学术博客的使用对其工作或学习没有用处。

6.4 学术博客持续意愿：S-O-R 模型

研究旨在以 S-O-R 模型为框架来深入阐释内外部刺激要素对学术博客用户心理感知以及持续意愿的作用机理。研究显示，满意感显著影响学术博客用户的持续使用意愿，其次是沉浸感，再次是愉悦感。满意感和愉悦感对学术博客用户持续意愿的作用在 6.3 节已经阐释过，这里不再重复。此外，沉浸感显著影响学术博客用户的持续意愿。这一结果与 Hausman 和 Siekpe（2009）相一致。当学术博客用户体验到沉浸感时，这意味着用户拥有了一种最佳的体验，如用户忘记了周围的环境、感觉时间过得很快、心思似乎完全集中在学术博客的使用上等。这种沉浸感体验将促使用户持续使用学术博客。

研究也发现，愉悦感对学术博客用户满意感的作用最大，其次是沉浸感。愉悦感对用户满意感的作用在 6.3 节已经予以阐述，这里不再重复。与此同时，沉浸感显著影响用户满意感，这一结论与前人的研究相一致，如 Zhou（2013）、Gao 等（2015）。这是因为，体验到沉浸感这一最佳经历的用户往往更容易对学术博客产生满意感。

研究也显示，愉悦感显著影响沉浸感，其次是感知的交互性。愉悦感意味着使用学术博客的过程很快乐、有乐趣，而这一感觉通常促使用户在无意识中延长使用学术博客的时间（如感觉到时间的飞逝，忘记了周围的时间和环境），也即，愉悦感的存在使得用户沉浸到学术博客的使用中。而越强的感知交互性，意味着越丰富的内容以及越多的协作式交流，因此也将促进用户产生沉浸感。例如，当学术博客用户与他人的交互性越多时，如经常与博客好友在线交流或通过博文评论进行频繁的互动，用户往往更容易沉浸在这些交互中并享受这些互动，即产生沉浸感这一最佳体验。与假设相反的是，美感对沉浸感不产生直接作用。可能的解释在于，美感体现的是学术博客自身设计方面对用户的吸引；而沉浸感的形成更多地依赖于用户与他人的互动以及使用过程所产生的愉悦感。而美感可能通过影响用户的愉悦感来进一步对沉浸感产生作用。

此外，美感和感知的交互性均显著影响愉悦感。当学术博客自身能够给用户带来美感时，如学术博客的外观、设计以及信息呈现方式等得到用户的喜爱与认可，用户在使用过程中更容易感受到愉悦感。或者说，美感给用户留下了良好的第一印象，进一步影响其使用体验。反过来，糟糕的界面设计或用户设计很有可能给用户带来不愉快的经历或体验。而如前所述，感知的交互性体现了学术博客用户与他人或站点的互动性。互动性越强，用户在使用过程中更加容易感受到乐趣，即产生愉悦感。而较少或较弱的交互性则往往削弱了用户的体验，甚至促使用户不再使用这些服务。

6.5　学术博客持续意愿：交互性与沉浸感模型

研究旨在从交互性和沉浸感两个视角入手阐释交互性和沉浸感对学术博客持续意愿的作用。结果发现，满意感对学术博客用户持续意愿的影响最大，其次是沉浸感。6.3 节、6.4 节已经对这两个结论进行过阐释，这里不再重复。

结果也显示，感知的交互性和沉浸感显著影响用户满意感。其中，感知的控制作用最大，其次是感知的连接，再次是沉浸感，而感知的响应作用最弱。学术博客用户拥有较强的感知控制意味着用户感觉到自身能够更强地控制参与行为，这种情形下他们更有可能感知到对社区的一种归属感并进一步与其他成员发展共同的价值（Shih and Huang，2014），进而更容易产生满意感。或者说，用户能够自由控制其行为的程度越大，用户更有可能对学术博客形成满意感。例如，用户可以自由地设置不同权限来决定个人不同信息的不同开放程度（如全部公开、部分公开、不公开）；用户也可以自由地删除与修改所发表的博文，等等。这些都将影响用户满意感的产生。此外，感知的连接显著影响用户满意感。较强的感知连接不仅意味着学术博客与他人共享较多的共同纽带，如拥有共同的研究领域、相似的经历、共同的兴趣爱好等；也意味着用户更容易与他人进行交流与保持联系，如能够与他人就某一个主题进行愉悦的交流与信息的共享等。这些都将有助于用户满意感的形成。因为在这些共同纽带或交流等过程中，学术博客用户更容易感受到使用过程中的开心或满足等（即满意感的形成）。而沉浸感对用户满意感的作用已在 6.4 节进行过阐述。

结果同时显示，感知的响应和感知的连接显著影响沉浸感。感知的响应体现了他人对用户行为的回应，如其他用户是否对自身发表的博文作出积极的、快速的回复等。当用户拥有越强的感知响应时，即用户发表的博文总是能够得到诸多他人的积极评论或点赞，用户则更容易沉浸到撰写博文的乐趣中。反之，如果用户的博文总是得不到他人的赞同或评论，即较低的感知响应，用户很有可能认为自身的博文水平不高或不能引起他人的兴趣，因此不再愿意继续撰写博文。而较强的感知连接通常能够满足学术博客用户的社交性需求，这将进一步促使用户在学术博客的使用中产生更好的体验。与预期相反的是，感知的控制对沉浸感不产生作用。可能的原因在于，用户控制体现的是对站点技术属性的感知，沉浸感更重要的是一种心理体验；而这一体验更多的是来自用户内心的愉悦感。

第 7 章　研 究 意 义

用户行为研究一直是国内外情报学和管理学研究的重要领域与热点。对于新兴的学术博客而言，国外已有不少研究与实践充分认可了学术博客对学术环境的积极影响与作用；而国内在这方面的研究和实践都不是很多。研究尝试借鉴社会心理学、市场学以及管理学等多学科的相关理论与方法，从学术博客用户心理和行为微观层面揭示用户的不同行为及其影响因素，具有重要的理论意义和实践意义。因此，本章将重点论述研究所具有的意义。

7.1　理 论 意 义

从理论层面来看，研究基于多维度的视角、通过整合不同学科的理论来预测和解释不同的学术博客用户行为。具体地，从信任视角出发，基于信任相关的理论来阐释学术博客采纳意愿；从心理诱因入手，基于动机理论、社会交换理论和公共物品困境理论来解释学术博客采纳行为；以满意感作为切入点，基于 ECT-IS 模型、S-O-R 模型以及交互性模型和沉浸理论来阐释学术博客持续意愿。

针对学术博客采纳意愿的实证结果发现，对成员能力的信任以及对服务提供商的信任显著影响学术博客用户的采纳意愿，而对成员正直/善行的信任则对学术博客用户的采纳意愿不产生作用。这意味着，信任确实会影响信息系统用户的行为，但不同类型的信任会产生不同的作用。以往的研究已经在不同的研究情境下证实过信任对信息系统用户行为的重要性，但较少关注不同类型的信任所发挥的不同作用。这一研究结论则丰富了在线环境下信任的相关研究，并拓展了信任在新兴情境下的适用性。另外，熟悉（基于知识）、声誉（基于认知）、信任倾向（基于个人特质）和结构特征（基于制度）均显著影响信任的形成。这意味着，存在多维度的要素影响着信任的构建，不仅涉及理性因素，也涉及非理性因素。以往的研究较少关注如何建立不同类型的信任，或者仅关注其中的一个方面。这一研究结论则加深了对学术博客环境下信任机制建立的理解，同时也有助于更好地阐释学术博客采纳行为的内在机理。

针对学术博客采纳行为的实证结果显示，人际信任、乐于助人对学术博客采纳行为产生显著的正向作用，而私欲则对学术博客采纳行为产生显著的负向作用；此外，人际信任能够调节私欲的这一负向作用。而声誉、忧虑感和价值怀疑则对学术博客采纳行为不产生影响。虽然已有不少研究探讨过信息系统（如博客、学术博客）用户采纳行为的不同层面的影响因素，包括技术层面、组织层面和个体层面等；但较少有研究同时关注信息系统用户采纳行为的促进因素和阻碍因素。特别地，对用户心理层面因素的探讨目前还不多。上述研究结论一方面补充与完善了信息系统用户采纳行为影响因素的相关研究，另一方面加深了对用户心理因素的作用机理的理解。

针对学术博客持续意愿的实证结果发现，ECT-IS 模型、S-O-R 模型均能够很好地阐释学术博客持续意愿，且享乐型要素对学术博客用户满意感的形成以及持续意愿产生显著影响，如愉悦感、感知的价值、沉浸感；此外，感知的交互性也正向影响愉悦感、沉浸感和满意感的形成。如前所述，现有的不少研究已经证实满意感对信息系统用户行为持续意愿所产生的重要影响，但较少有研究深层次揭示用户满意感的形成机理。此外，大多数研究主要关注功利型要素对信息系统用户持续意愿的作用，而较少探讨享乐型要素可能产生的影响。上述研究结论则很好地弥补了已有研究中的不足，一方面拓展了有关 ECT-IS 模型和 S-O-R 模型在新型情境下的应用，另一方面丰富了在线环境下满意感、愉悦感、沉浸感和交互性的相关研究，此外也加深了对信息系统用户持续意愿的理解。

7.2 实 践 意 义

从实践层面来看，研究的上述结论对促进用户采纳、使用与持续使用学术博客具有重要的启发。

总体上来说，研究的实践意义体现在：

（1）对个体（科研人员）而言，学术博客是否对其工作或科研有帮助，如何有效地利用学术博客、挖掘学术博客的价值是他们在考虑是否使用与持续使用学术博客的重要因素。研究有助于更好地为学术博客用户提供必要的工具与平台，提升用户信任、沉浸感和满意感的形成，从而激发用户对学术博客的采纳与持续使用。

（2）对组织（学术博客服务提供商）来说，如何吸引、保持与促进用户的积极参与与知识贡献是保障社区可持续发展的关键因素，也是博客服务提供商实践的永恒主题。研究从不同视角揭示了影响学术博客用户行为的因素，能够为学术博客服务提供商制定有效的机制和采取必要的激励措施提供借鉴。

（3）对国家而言，研究有助于相关部门制定政策，以便鼓励更多的科研人员使用新信息技术（如学术博客）来改善传统的学术交流、知识传播与出版等，进而促进科研人员跨边界的交流与合作，以及知识的快速传播与应用，最终促进知识的创新。

具体而言，研究的实践意义体现在：

（1）在学术博客采纳意愿方面。为了吸引更多的潜在用户采纳学术博客，服务提供商需要提高自身在用户之间的信任度。而在促进信任形成方面，服务提供商需要注重自身的声誉，提供良好的结构保证以及提供多途径多渠道让用户尽可能地熟悉自己。例如，通过与知名的实体科研机构合作来为自身树立良好的形象，提高自身的存在感，让用户感觉到学术博客服务平台不仅仅是一个虚拟的环境，也有实实在在的线下合作。又如，通过出台规范的规章制度等来保障用户的权利不受侵犯，为用户提供一种安全可靠的环境。再如，通过吸引知名的科研人员的加入来提升与打造自身平台的影响力。此外，为了促进用户愿意采纳学术博客，需要提高用户对成员能力的信任。服务提供商需要采取措施来促进用户相互之间的熟悉，需要提高已有成员的声誉以及营造一种信任的氛围来激发用户对他人的信任。例如，服务提供商已经采取的实名注册制在一定程度上就有助于用户之间的相互了解。又如，服务提供商可以提供更多的互动方式来激发用户之间的互动，从而促使用户在频繁的互动中相互了解并提升声誉。再如，服务提供商采取一定的激励手段促使用户发表更多高质量的博文，进而提升成员自身的声誉。服务提供商也可以定期围绕某一主题组织高质量的线上活动甚至线下活动，为用户提供更多互动的机会，促进用户之间的相互熟悉与用户自身声誉的塑造与提升。

（2）在学术博客采纳行为方面。当用户实际加入学术博客平台后，服务提供商需要进一步采取措施促进用户的采纳行为，以保证平台的有效运行。一方面，服务提供商需要增强用户的乐于助人的良好感觉。对于原本喜欢帮助他人的用户来说，服务提供商需要激励这类用户的行为，对他们的乐于助人行为给予及时的奖励，如给知识贡献者一些独特的标识，这些标识能够代表他们在社区中的贡献程度（如"每周/月/季度/年贡献排行榜"）；组织一些线上的交流活动，让乐于助人的用户相互之间分享经历和体验。而对于其他用户来说，服务提供商可以想办法激发其乐于助人的欲望，如将热门博文或有价值的博文放在社区头版头条，提升这些博文被他人注意到的程度，从而为知识贡献者提供一种直接的肯定。另一方面，服务提供商需要尽力营造信任的社区文化，包括创建共同的愿景和语言，增强用户之间的联系，鼓励用户共同参与与合作等（Abrams et al.，

2003)。例如，邀请有较高知名度或影响力的用户组织一些线上交流活动；定期解答用户在使用学术博客过程中的疑问，以保证用户使用过程的顺利；绘制平台发展的蓝图并与用户共享，呼吁用户积极参与并共同实现社区发展的目标；围绕平台发展中存在的一些问题，鼓励用户自发自愿在线组织科研团队进行探究。此外，服务提供商需要降低用户可能存在的私欲心理。例如，提倡用户相互之间的交流与共享，鼓励用户积极贡献，为用户提供保障措施以营造一种安全与信任的交流与共享环境。

（3）在学术博客持续意愿方面。为了保留已有用户并鼓励他们的持续使用行为，服务提供商需要努力提升用户的满意感、愉悦感以及沉浸感。一方面，服务提供商可以通过强化交互性来增强用户的沉浸感和愉悦感，进而促进用户对学术博客形成满意感。学术博客用户通常将博客平台视为一个与他人进行交互的有效工具，并享受这一过程。因此，学术博客服务提供商可致力于促进这一交互过程。例如，可根据特定的群体或研究领域进行个性化的功能设置，如年轻学生熟悉并喜欢使用 QQ 等在线通信工具进行实时交流，而年老的学者则可能更加喜欢邮件等方式的交流。与此同时，服务提供商可致力于持续改善平台的交互性功能或服务，尤其在促进人–人交互与人–机交互方面。例如，可以考虑根据用户的博文主题和个人信息等，为用户提供好友或博文的个性化推荐服务，这将有助于用户更便捷地找到感兴趣的信息和志同道合的好友。另一方面，服务提供商也可以通过加强平台给用户带来的美感来提升用户的愉悦感。例如，在广泛调研用户需求的基础上，提供符合用户需求的界面设计，以更好地给用户留下良好的第一印象。又如，尝试逐渐打造符合自身定位与发展目标的专业形象。此外，保障用户的期望确认，提升用户的感知价值，增强用户对控制、连接以及响应的感知也有助于用户满意感的形成。例如，尽力满足用户的需求，如定期针对已有用户或潜在用户开展调查，以发现其对学术博客使用的期望，进而根据用户期望来改善已有的服务水平。又如，通过高质量知识的提供以及高质量的互动等让用户感觉到使用学术博客是值得的，其付出的时间和精力是有回报的。再如，提供一定的权限让用户可以根据自身的意愿来进行设置，包括个人信息的访问、博文的浏览权限以及评论权限等，从而让用户感受到较强的交互性；在技术上确保为用户提供快速的响应，以及时响应用户的需求，这将促进用户对交互性的感知；而对交互性的感知将进一步促使用户形成满意感。

第8章 研究总结与展望

基于前面各章的分析和阐述，本章主要进行总结与展望。包括对主要研究内容进行陈述，同时提出研究存在的局限以及进一步的研究方向。

8.1 主要研究内容

近年来，Web 2.0 范畴内的许多思想和技术得到广泛的传播和应用，其影响力渗透到各行各业。在这一大背景下，学术领域也受到冲击，并正在发生改变。科研机构、科研群体和科研人员积极应用各类学术 Web 2.0 工具与平台。其中，学术博客因其独特的优势而备受关注。已有研究显示，学术博客具有很大的潜力与价值，能够为科研人员提供有效的服务。实践中，国外科研人员尝试使用学术博客来报道研究成果，讨论研究问题或共享学术观点，进行在线合作，在线出版或创建学术身份等。但国内科研人员对学术博客的使用仍持犹豫的态度。与此同时，西方国家已将发展网络学术交流作为促进科技发展的重要战略；而我国也在不断地探索适合科研人员群体的网络交流形式，如学术博客。在这一情形下，有必要深入探讨学术博客情境下影响用户行为的因素。

在对国内外已有的相关研究成果进行回顾的基础上，研究提出主要的研究思路、研究内容以及研究方法。进一步，阐述研究工作所借鉴的理论基础，包括动机理论、社会交换理论、信任相关的理论、期望–确认理论、S-O-R 模型、交互性模型和沉浸理论。接着，遵循规范的实证研究范式开展了本研究的具体工作，即构建理论模型并提出假设，设计问卷并进行数据搜集，利用结构方程模型进行数据分析米验证所提出的各个理论模型，对结果进行讨论，形成研究结论。

研究的主要工作包括：

（1）学术博客采纳意愿研究。在线环境下，信任有助于减少用户感知到的风险以及不确定性，进而促进用户的采纳意愿。探讨学术博客环境下影响信任建立的因素以及不同类型的信任如何影响用户的采纳意愿就显得很重要。基于信任相关的理论，尝试从信任建立机制的角度构建学术博客采纳意愿的理论模型。其中，信任的建立机制包括基于知识的信任、基于认知的信任、基于制度的信任和基于个人特质的信任；学术博客社区中的信任涉及对成员的信任（能力和正直/善行）和对服务提供商的信任。基于235份有效样本的数据分析结果发现，对成员的熟悉、感知的成员的声誉显著影响对成员能力的信任以及对成员正直/善行的信任的建立，对服务提供商的熟悉、感知的服务提供商的声誉以及结构保证则显著影响对服务提供商的信任。与此同时，信任倾向均显著影响对成员的信任的建立以及对服务提供商的信任的建立。此外，获取和共享意愿则取决于对成员能力的信任以及对服务提供商的信任。

（2）学术博客采纳行为研究。科研活动日益重视知识交流与共享，学术博客为实现科研人员的知识分享提供了新平台。识别学术博客社区中影响个体知识贡献行为的心理因素（促进因素和阻碍因素）成为社区持续发展的关键问题。基于动机理论、社会交换理论和公共物品困境理论，提出了学术博客采纳行为的理论模型。其中，促进因素包括乐于助人、声誉和人际信任，阻碍因素包括私欲、忧虑感和价值怀疑。基于229份有效样本的实证分析结果显示，人际信任和乐于助人有助于促进科研人员的知识交流与共享行为；私欲则使个体不愿意与他人交流与共享知识；而人际信任的存在则对私欲有一定的调节作用。

（3）学术博客持续意愿研究：基于扩展的 ECT-IS 模型。用户满意感是影响用户持续使用某一信息系统意愿的重要因素。而 Bhattacherjee 所提出的 ECT-IS 模型已被广泛应用于信息系统用户行为领域，并被证实能够有效地解释用户满意感的作用。在 ECT-IS 模型基础上，通过引入享乐型要素愉悦感和感知的价值，构建了影响学术博客持续意愿的基于扩展的 ECT-IS 模型。基于304份有效样本的实证分析结果显示，ECT-IS 模型能够很好地阐释学术博客持续意愿，即期望确认显著影响感知有用性和满意感，进一步显著影响学术博客持续意愿；而愉悦感显著影响满意感和持续意愿，感知的价值则只对满意感产生正向影响。

（4）学术博客持续意愿研究：S-O-R 模型。S-O-R 模型很好地揭示了各种刺激性要素对用户认知或情感上反应的影响，及其进一步对用户行为反应的影响。已有研究已经证实了 S-O-R 模型在不同研究情境下的适用性。基于 S-O-R 模型这一框架，研究将美感和交互性看成是刺激性要素（S），将愉悦感和沉浸感看成是有机体要素（O），将满意感和持续意愿看成是反应性要素（R），提出学术博客持续意愿的 S-O-R 理论模型。基于304份有效样本的实证分析结果显示，S-O-R 模型能够很好地阐释学术博客持续意愿。具体来说，美感和感知的交互性显著影响愉悦感，感知的交互性同时显著影响沉浸感，愉悦感显著影响沉浸感；愉悦感和沉浸感则进一步对满意感和学术博客持续意愿产生正向作用。

（5）学术博客持续意愿研究：交互性与沉浸感模型。学术博客的交互性功能是学术博客平台可持续发展的关键因素。同时，用户在使用学术博客过程中体验的沉浸感也对用户持续意愿产生影响。在 Lu 等的博客用户信息共享行为模型的基础上，结合学术博客的特性，提出交互性和沉浸感视角下的学术博客持续意愿的理论模型。其中，交互性涉及的具体要素包括感知的控制、感知的连接和感知的响应。基于 304 份有效样本的实证分析结果显示，沉浸感与满意感以及用户持续使用学术博客的意愿之间呈现显著的正相关关系；而不同维度的感知交互性对沉浸感和满意感产生不同的作用，其中：感知的连接和感知的响应对沉浸感和满意感都产生重要影响，而感知的控制则只对满意感产生作用。

8.2　研究局限与展望

　　研究通过实证分析对学术博客用户行为做了深入研究，取得了一些较有创新性的结果。但鉴于目前有关学术博客的研究还处于初始阶段，而学术博客情境下用户行为的研究则更是处在摸索之中，研究所做的工作也只是一种探索性研究。由于研究涉及不同领域的知识，加上研究水平有限以及研究时间上的限制，本研究还存在一定的局限性，许多工作亟须进一步的探讨。主要表现在：

　　（1）针对学术博客采纳意愿的研究，研究探讨了不同类型的信任对采纳意愿的影响以及信任建立的影响因素。研究结果凸显了信任的重要性。考虑到在线环境下信任建立的复杂性，为了更好地创建学术博客环境下的信任氛围，后续的研究有必要进一步探讨学术博客情境下信任构建的流程。

　　（2）针对学术博客采纳行为的研究，研究主要关注知识交流与共享行为。在对学术博客知识交流与共享行为进行界定时，研究认为撰写、浏览和评论博文都属于其范围之内。但在验证各因素对知识交流与共享行为的影响时，则没有加以区别。下一步的研究需要分别探讨各因素对不同的学术博客知识交流与共享行为所产生的影响。

　　（3）针对学术博客持续意愿的研究，主要关注满意感对持续意愿的影响及影响满意感的不同因素。但本研究并没有区分什么类型的满意感。学术博客情境下用户满意感可能涉及不同的对象，如对学术博客所提供的信息质量的满意感，对学术博客自身系统的满意感等（Kang and Lee，2010）。促进这些不同类型满意感的形成原因有可能不一样。因此，进一步的研究需要考虑不同类型满意感形成的影响因素。

　　（4）研究采取用户自我报告的形式搜集数据。虽然共同方法偏差检验结果显示，并不存在共同方法偏差的影响；但所搜集的横截面数据还是会对研究结果的内部效度产生影响。进一步的研究需要同时结合纵向调研数据，以深层次地阐释学术博客用户行为的内在机理。

（5）研究的调查对象主要是国内的学术博客平台。考虑到国内外学术博客发展水平的差异，进一步的研究需要考虑调研国外的学术博客平台，考察同样的影响因素是否会形成同样的研究结论，同时还可以考虑文化差异可能造成的影响。

参 考 文 献

程焕文，王蕾．2008. 竹帛斋图书馆学论剑——用户永远都是正确的［M］．广州：广东人民出版社

甘春梅，王伟军．2014. 信任对学术博客知识获取与共享意愿影响的实证分析［J］．情报理论与实践，37（11）：67-70

甘春梅，王伟军．2015a. 学术博客的概念、类型与功能［J］．信息资源管理学报，（1）：25-30

甘春梅，王伟军．2015b. 学术博客环境下信任形成的影响因素实证研究［J］．情报理论与实践，38（1）：110-114

甘春梅，王伟军，田鹏．2012. 学术博客知识交流与共享心理诱因研究［J］．中国图书馆学报，（3）：91-99

何英，黄瑞华．2006. 论知识外部性引发的知识产权风险［J］．科学学研究，24（5）：742-746

侯杰泰，温忠麟，成子娟．2004. 结构方程模型及其应用［M］．北京：教育科学出版社

胡昌平，余晶晶，邵其赶．2008. 学术博客中的创新知识转移［J］．情报杂志，（5）：3-6

江亮．2006. 学术博客的"无形学院"交流模式探析［J］．情报科学，24（2）：296-299

林忠．2008. 学术博客与传统学术交流模式的差异探析［J］．情报资料工作，（1）：41-44

吕鑫，袁勤俭，宗乾进，等．2012. 学术博客研究综述［J］．图书情报工作，56（6）：64-68

邱均平，王菲菲．2011. 基于博客社区好友链接的知识交流状况分析——以科学网博客为例［J］．图书情报知识，（6）：25-34

史新艳，肖仙桃．2009. 学术博客链接结构及其交流特性分析［J］．图书情报知识，（5）：79-83，89

孙建军，屈良．2012. 基于博客的链接分类体系设计［J］．情报科学，30（3）：321-326，346

覃晓燕．2010. 科学博客的传播模式解读［J］．科学技术哲学研究，27（1）：97-100

王伟军，甘春梅．2010. Web 2.0 信息资源管理［M］．北京：科学出版社

王伟军，甘春梅．2013. 学术博客中的链接类型与功能研究［J］．情报学报，32（6）：640-652

王伟军，甘春梅，刘蕊．2012. 学术博客知识交流与共享心理诱因的实证研究［J］．情报学报．31（12）：1026-1033

王伟军，孙晶．2007. Web 2.0 的研究与应用综述［J］．情报科学，（12）：1907-1913

吴丹，杨艳，马曦．2011. 社会标签的规范性研究——学术博客标注［J］．情报资料工作，（6）：11-15

吴明隆．2009. 结构方程模型——AMOS 的操作与应用［M］．重庆：重庆出版社

吴明隆．2010. 问卷统计分析实务——SPSS 操作与应用［M］．重庆：重庆大学出版社

武瑞娟，王承璐．2014. 网店专业性对消费者情感和行为影响效应研究——一项基于大学生群

参 考 文 献

体的实证研究［J］．管理评论，（1）：109-119

杨敏，马建玲．2012. 国内外科学博客研究进展与趋势［J］．图书情报工作，56（11）：138-141，137

张玥，朱庆华．2009. 学术博客交流网络的核心——边缘结构分析实证研究［J］．图书情报工作，（53）：25-29

赵玲．2011. 虚拟社区成员参与行为的实证研究［D］．华中科技大学学位论文

赵玲，鲁耀斌，邓朝华．2009. 虚拟社区信任与社区成员购买行为研究［J］．工业工程与管理，14（3）：105-111

赵宇翔，范哲，朱庆华．2012. 用户生成内容（UGC）的概念解析和研究进展［J］．中国图书馆学报，（5）：68-81

赵宇翔，朱庆华．2009. Web 2.0 环境下影响用户生成内容的主要动因研究［J］．中国图书馆学报，35（5）：107-116

赵宇翔，朱庆华．2010. Web 2.0 环境下影响用户生成内容动因的实证研究——以土豆网为例［J］．情报学报，29（3）：449-459

中国互联网络信息中心．2015-08-15. 第 36 次中国互联网络发展状况统计报告［R/OL］．http：//www.cnnic.net.cn/hlwfzyj/hlwxzbg/hlwtjbg/201301/P020130122600399530412.pdf

中国互联网协会．2006-02-23. 2005-2006 中国 Web 2.0 现状与趋势调查报告［R/OL］．http：//report.internetdigital.org

Abrams L C, Cross R, Lesser E, et al. 2003. Nurturing interpersonal trust in knowledge-sharing networks［J］．Academy of Management Executive, 17（4）：64-77

Agarwal R, Karahanna E. 2000. Time flies when you're having fun: Cognitive adsorption and beliefs about information technology usage［J］．MIS Quarterly,（24）：665-694

Agarwal R, Venkatesh V. 2002. Assessing a firm's web presence: a heuristic evaluation procedure for the measurement of usability［J］．Information Systems Research, 13（2）：168-186

Ajzen I. 1991. The theory of planned behavior［J］．Organizational Behavior and Human Decision Processes, 50（2）：179-211

Ali-Hasan N, Adamic L A. 2007. Expressing Social Relationships on the Blog through Links and Comments［C］．Proceedings of International conference on Weblogs and Social Media（ICWSM）, Boulder, Colorado, USA

Alraimi K M, Zo H, Ciganek A P. 2015. Understanding the MOOCs continuance: The role of openness and reputation［J］．Computers and Education,（80）：28-38

Anderson J C, Narus J A. 1990. A model of distributorfirm and manufacturer firm working partnerships［J］．Journal of Marketing,（54）：42-58

Ardichvili A, Page V, Wentling T. 2003. Motivation and barriers to participation in virtual knowledge-sharing communities of practice［J］．Journal of Knowledge Management, 7（1）：64-77

Argyris C. 1982. Reasoning, learning and action［J］．Academy of Management Review,（3）：9-14

Ariely D. 2000. Controlling the information flow: effects on consumers' decision making and preferences [J]. Journal of Consumer Research, 27 (2): 233-248

Ayanso A, Herath T C, O'Brien N. 2015. Understanding continuance intentions of physicians with electronic medical records (EMR): An expectancy- confirmation perspective [J]. Decision Support Systems, (77): 112-122

Baker J, Levy M, Grewal D. 1992. An experimental approach to making retail store environmental decisions [J]. Journal of Retailing Winter, 68 (4): 445-460

Bar- Ilan J. 2005. What do we know about links and linking? A framework for studying links in academic environments [J]. Information Processing and Management, (41): 973-986

Barnes S J, Böhringer M. 2011. Modeling use continuance behavior in microblogging services: The case of Twitter [J]. Journal of Computer Information Systems, 51 (4): 1-10

Belanche D, Casaló L V, Flavián C, et al. 2014. Trust transfer in the continued usage of public eservices [J]. Information and Management, 51 (6): 627-640

Benton M. 2006. Thoughts on Blogging by a Poorly Masked Academic [J/OL]. Reconstruction, 6 (4). http: //reconstruction. eserver. org/064/benton. shtml [2010-01-12]

Bhattacherjee A. 2001. Understanding information systems continuance: an expectation- confirmation model [J]. MIS Quarterly, 25 (3): 351-370

Bilgihan A, Nusair K, Okumus F, et al. 2015. Applying flow theory to booking experiences: an integrated model in an online service context [J]. Information and Management, 52 (6): 668-678

Blau P M. 1956. Social mobility and interpersonal relations [J]. American Sociological Review, 21 (3): 290-295

Blau P M. 1964. Exchange and Power in Social Life [M]. New York: Wiley

Blomqvist K. 1997. The many faces of trust [J]. Scandinavian Journal of Management, 13 (3): 271-286

Bonetta L. 2007. Scientists enter the blogosphere [J]. Cell, 129 (3): 443-445

Boyd J. 2003. The rhetorical construction of trust online [J]. Communication Theory, 13 (4): 392-410

Boyer E L. 1991. Scholarship reconsidered: Priorities for the professoriate [J]. College Teaching, 39 (1): 11-13

Bukvova H. 2011. Taking new routes: Blogs, web sites, and scientific publishing [J/OL]. ScieCom Info, 7 (2). http: //www. sciecom. org/ois/index. php/sciecominfo/index [2012-05-10]

Burgoon J K, Bonito J A, Bentsson B, et al. 2000. Testing the interactivity model: Communication processes, partner assessments, and the quality of collaborative work [J]. Journal of Management Information Systems, 16 (3): 33-56

Cai S, Xu Y. 2011. Designing not just for pleasure: Effects of web site aesthetics on consumer shopping value [J] . International Journal of Electronic Commerce, 15 (4): 159-188

Chai S, Kim M. 2010. What makes bloggers share knowledge? An investigation on the role of trust [J] . International Journal of Information Management, 30 (5): 408-415

Chang C C, Chen C W. 2015. Examining hedonic and utilitarian bidding motivations in online auctions: impacts of time pressure and competition [J] . International Journal of Electronic Commerce, 19 (2): 39-65

Chang C M, Hsu M H, Hsu C S, et al. 2014. Examining the role of perceived value in virtual communities continuance: its antecedents and the influence of experience [J] . Behaviour and Information Technology, 33 (5): 502-521

Chang S H, Chih W H, Liou D K, et al. 2014. The influence of web aesthetics on customers' PAD [J] . Computers in Human Behavior, (36): 168-178

Chen C P, Lai H M, Ho C Y. 2015. Why do teachers continue to use teaching blogs? The roles of perceived voluntariness and habit [J] . Computers and Education, (82): 236-249

Chen H, Wigand R T, Nilan M. 1999. Exploring Web users' optimal flow experiences [J]. Computers inHuman Behavior, 15 (5): 585-608

Chen J V, Jubilado R J M, Capistrano E P S, et al. 2015. Factors affecting online tax filing—An application of the IS Success Model and trust theory [J] . Computers in Human Behavior, (43): 251-262

Chen K, Yen D C, Hung S Y, et al. 2008. An exploratory study of the selection of communication media: the relationship between flow and communication outcomes [J] . Decision Support Systems, 45 (4): 822-832

Chen S C, Lin C P. 2015. The impact of customer experience and perceived value on sustainable social relationship in blogs: An empirical study [J] . Technological Forecasting and Social Change, (96): 40-50

Chen W C, Shih Y C D, Liu G Z. 2015. Task design and its induced learning effects in a cross-institutional blog-mediated telecollaboration [J] . Computer Assisted Language Learning, 28 (4): 285-305

Chin W W. 1998. The partial least squares approach to structural equation modeling [M] // Marcoulides G A. Modern methods for business research. Mahwah, NJ: Lawrence Erlbaum Associates

Chiu C M, Chang C C, Cheng H L, et al. 2009. Determinants of customer repurchase intention in online shopping [J] . Online Information Review, 33 (4): 761-784

Cho H, Chen M H, Chung S. 2010. Testing an integrative theoretical model of knowledge- sharing behavior in the context of Wikipedia [J] . Journal of the American Society for Information Science and Technology, 61 (6): 1198-1212

Chong Y L. 2013. Mobile commerce usage activities: The roles of demographic and motivation variables ［J］. Technological Forecasting and Social Change, 80 (7): 1350-1359

Churchill D. 2007. Web 2. 0 and possibilities for educational applications ［J］. Educational Technology, 47 (2): 24-29

Churchill D. 2009. Educational applications of Web 2. 0: Using blogs to support teaching and learning ［J］. British Journal of Educational Technology, 40 (1): 179-183

CIBER. 2010- 12- 14. Social media and research workflow ［R/OL］. http: //ciber- research. eu/ download/20101111-social-media-report. pdf

Ciszek T, Fu X. 2005. Hyperlinking: From the Internet to the Blogosphere ［C］. Proceedings of the Sixth International and Interdisciplinary Conference of the Association of Internet Researchers (AoIR), Chicago, USA

Cocosila M, Igonor A. 2015. How important is the "social" in social networking? A perceived value empirical investigation ［J］. Information Technology and People, 28 (2): 366-382

Constant D, Sproull L, Kiesler S. 1996. The kindness of strangers: The usefulness of electronic weak ties for technical advice ［J］. Organization Science, 7 (2): 119-135

Cook T D, Campbell D T. 1979. Quasi- Experimentation: design and analysis issues for field settings ［M］. Boston: Houghton Mifflin

Corritore C L, Kracher B, Wiedenbeck S. 2003. Online trust: Concepts, evolving themes, a model ［J］. International Journal of Human- Computer Studies, (58): 737-758

Csikszentmihalyi M. 1975. Beyond boredom and anxiety ［M］. San Francisco: Jossey- Bass

Csikszentmihalyi M. 1990. Flow: The Psychology of Optimal Experience ［M］. New York: Harper and Row

Currall S C, Judge T A. 1995. Measuring trust between organizational boundary role persons ［J］. Organizational Behavior and Human Decision Processes, 64 (2): 151-170

Cyr D, Head M, Ivanov A. 2009. Perceived interactivity leading to e- yalty: Development of a model for cognitive- affective user responses ［J］. International Journal of Human- Computer Studies, (67): 850-869

Dabholkar P A, Shepherd C D, Thorpe D I. 2000. A comprehensive framework for service quality: an investigation of critical conceptual and measurement issues through a longitudinal study ［J］. Journal of Retailing, 76 (2): 139-173

Daews M. 1980. Social dilemmas ［J］. Annual Review of Psychology, (31): 169-193

Dan J K, Ferrin D L, Rao H R. 2008. A trust- based consumer decision- making model in electronic commerce: The role of trust, perceived risk, and their antecedents ［J］. Decision Support Systems, 44 (2): 544-564

Dasgupta P. 1988. Trust as a commodity ［M］//Gambette D. Trust: Making and breaking cooperative relations. New York: Basil Blackwell

Davenport T H, Prusak L. 1998. Working Knowledge: How Organizations Manage What They Know

［M］. Boston: Harvard Business SchoolPress

Davis F D, Bagozzi R P, Warshaw P R. 1989. User acceptance of computer technology: a comparison of two theoretical models ［J］. Management Science, 35（8）: 982-1003

Davis F D, Bagozzi R P, Warshaw P R. 1992. Extrinsic and intrinsic motivation to use computers in the workspace ［J］. Journal of Applied Social Psychology, 22（14）: 1111-1132

Deci E L, Ryan R M. 1985. Intrinsic motivation and self-determination in human behavior ［M］. New York: Plenum Press

Demangeot C, Broderick A J. 2006. Exploring the experiential intensity of online shopping environments ［J］. Qualitative Market Research: An International Journal, 9（4）: 325-351

Deng Z, Lu Y, Wei K K, et al. 2010. Understanding customer satisfaction and loyalty: An empirical study of mobile instant messages in China ［J］. International Journal of Information Management, 30（4）: 289-300

Dietrich S. 2011- 08- 19. Internet: new scientific research establishments ［EB/OL］. http: // www. newso. org/ITNews/Trade/Internet- new- scientific- research- establishments/29eafd05- 7352- 451a-89bb-3d7c98495f6c

Donovan R J, Rossiter J R. 1982. Store atmosphere: an environmental psychology approach ［J］. Journal of Retailing, 58（1）: 34-57

Emelo R. 2012. Why personal reputation matters in virtual knowledge sharing ［J］. Industrial and Commercial Training, 44（1）: 35-40

Engel J F, Blackwell R D, Miniard P W. 1995. Consumer behavior（8th ed. ）［M］. Forth Worth, Texas: The Dryden Press

Ensign P C, Hébert L. 2010. How reputation affects knowledge sharing among colleagues ［J］. Mit Sloan Management Review, 51（2）: 79-81

Esteban- Millat I, Martínez- López F J, Huertas- García R, et al. 2014. Modelling students' flow experiences in an online learning environment ［J］. Computers and Education, （71）: 111-123

Finneran C M, Zhang P. 2005. Flow in computer- mediated environments: promises and challenges ［J］. Communications of the Association for Information Systems, （15）: 82-101

Fiore A M, Kim J. 2007. An integrative framework capturing experiential and utilitarian shopping experience ［J］. International Journal of Retail and Distribution Management, 35（6）: 421-442

Floh A, Madlberger M. 2013. The role of atmospheric cues in online impulse- buying behavior ［J］. Electronic Commerce Research and Applications, 12（6）: 425-439

Fornell C, Larcke H. 1981. Evaluating structural equation models with unobservable variables and measurement error ［J］. Journal of Marketing Research, 18（2）: 39-50

Furukawa T, et al. 2007. Social networks and reading behavior in the blogosphere ［C］. Proceedings of International conference on Weblogs and Social Media（ICWSM）, Boulder, Colorado, USA

Furukawa T, Tomofumi M S, Yutaka M S, et al. 2006. Analysis of user relations and reading activity in weblogs ［J］. Electronics and Communications in Japan（Part I：Communications），89（12）：88-96

Gan C，Li H. 2015. Understanding continuance intention of mobile instant messaging：Motivators and inhibitors ［J］. Industrial Management and Data Systems，115（4）：646-660

Gan C，Wang W. 2015. Uses and gratifications of social media：A comparison of microblog and WeChat ［J］. Journal of Systems and Information Technology，17（4）：351-363

Gan C，Xiao D. 2015. An empirical study on continuance intention of mobile reading ［J］. Chinese Journal of Library and Information Science，8（2）：69-82

Gao L，Waechter K A，Bai X. 2015. Understanding consumers' continuance intention towards mobile purchase：A theoretical framework and empirical study—A case of China ［J］. Computers in Human Behavior，（53）：249-262

Gefen D. 1997. Building Users' Trust in Freeware Providers and the Effects of this Trust on Users' Perceptions of Usefulness，Ease of Use and Intended Use of Freeware ［D］. Doctoral Dissertation，Georgia State University.

Gefen D. 2000a. E- Commerce：the role of familiarity and trust ［J］. Omega：The International Journal of Management Science，28（6）：725-737

Gefen D. 2000b. It is not enough to be responsive：the role of cooperative intentions in MRP II adoption ［J］. DATABASE for Advances in Information Systems，31（2）：65-79

Gefen D. 2002. Customer loyalty in e- commerce ［J］. Journal of the Association for Information Systems，（3）：27-51

George D R，Dellasega C. 2011. Use of social media in graduate- level medical humanities education：Two pilot studies from Penn State College of Medicine ［J］. Medical Teacher，33（8）：429-434

Gefen D，Karahanna E，Straub D W. 2003. Trust and TAM in online shopping：an integrated model ［J］. MIS Quarterly，27（1）：51-90

Ghani J A，Deshpande S P. 1994. Task characteristics and the experience of optimal flow in human—computer interaction ［J］. Texas A and M University，128（4）：381-391

Go E，You K H，Jung E，et al. 2016. Why do we use different types of websites and assign them different levels of credibility? Structural relations among users' motives，types of websites，information credibility，and trust in the press ［J］. Computers in Human Behavior，（54）：231-239

Gray P H. 2001. The impact of knowledge repositories on power and control in the workplace ［J］. Information Technology and People，14（4）：368-384

Green G I. 1989. Perceived importance of systems analyst's job skills，roles and non- salary incentives ［J］. MIS Quarterly，3（2）：115-133

Gregg M. 2006. Feeling ordinary：blogging as conversational scholarship ［J］. Continuum：Journal of Media and Cultural Studies，20（2）：147-160

Gregg M. 2009. Banal bohemia: blogging from the ivory tower hotdesk [J]. Convergence: The International Journal of Research into New Media Technologies, 5 (4): 470-483

Guadagno R E, Okdie B M, Eno C A. 2008. Who blogs? Personality predictors of blogging [J]. Computers in Human Behavior, (24): 1993-2004

Gulati R. 1995. Does familiarity breed trust? The implications of repeated ties for contractual choice in alliances [J]. Academy of Management Journal, 38 (1): 85-112

Hair J F, Black W C, Babin B J, et al. 2006. Multivariate Data Analysis (6th edition) [M]. New Jersey: Pearson Education

Hair J F, Ringle C M, Sarstedt M. 2011. PLS-SEM: indeed a silver bullet [J]. Journal of Marketing Theory and Practice, 19 (2): 139-151

Hashim K F, Tan F B. 2015. The mediating role of trust and commitment on members' continuous knowledge sharing intention: A commitment-trust theory perspective [J]. International Journal of Information Management, 35 (2): 145-151

Hassenzahl M, Tractinsky N. 2006. User experience: a research agenda [J]. Behaviour and Information Technology, 25 (2): 91-97

Hassenzahl M. 2003. The thing and I: Understanding the relationship between user and product [M] // Blythe A, Monk A F, Overbeeke K, et al. Funology: From Usability to Enjoyment. Dordrecht: Kluwer Academic

Hausman A V, Siekpe J S. 2009. The effect of web interface features on consumer online purchase intentions [J]. Journal of Business Research, 62 (1): 5-13

Heeter C. 1989. Implications of new interactive technologies for conceptualizing communication [M]. Salvaggio J L, Bryant J. Media use in the information age: emerging patterns of adoption and computer use. Hillsdale, NJ: Lawrence Erlbaum Associates

Henseler J, Ringle C M, Sinkovics R R. 2009. The use of partial least squares path modeling in international marketing [M] //Sinkovics R R, Ghauri P N. New Challenges to International Marketing (Advances in International Marketing, Volume 20), Emerald Group Publishing Limited

Hoffman D L, Novak T P. 1996. Marketing in hypermedia computer-mediated environments: Conceptual foundations [J]. Journal of Marketing, 60 (3): 50-68

Homans G C. 1958. Social behavior as exchange [J]. American Journal of Sociology, 63 (3): 597-606

Hosmer L T. 1995. Trust: the connecting link between organizational theory and philosophical ethics [J]. Academy of Management Review, 20 (2): 378-403

Hsieh Y C, Roan J, Pant A, et al. 2012. All for one but does one strategy work for all? [J]. Managing Service Quality: An International Journal, 22 (3): 310-335

Hsu C L, Lin C C. 2008. Acceptance of blog usage: The roles of technology acceptance, social influence and knowledge sharing motivation [J]. Information and Management, 45 (1): 65-74

Hsu M H, Chang C M, Chu K K, et al. 2014. Determinants of repurchase intention in online group-buying: The perspectives of DeLone and McLean IS success model and trust ［J］. Computers in Human Behavior, 36 (36): 234-245

Hsu M H, Ju T L, Yen C H, et al. 2007. Knowledge sharing behavior in virtual communities: The relationship between trust, self-efficacy, and outcome expectations ［J］. International Journal of Human-Computer Studies, 65 (2): 153-169

Hu M, Rabinovich E, Hou H. 2015. Customers complaints in online shopping: the role of signal credibility ［J］. Journal of Electronic Commerce Research, 16 (2): 95-108

Iii C A O, Roberts K H. 1974. Information filtration in organizations: Three experiments ［J］. Organizational Behavior and Human Performance, 11 (2): 253-265

iStockAnalyst. 2010-02-13. 2collab Survey Reveals that Scientists and Researchers are "All Business" with Social Applications ［EB/OL］. http: //www. istockanalyst. com/article/viewiStockNews/articleid/2270426

Jarvenpaa S L, Knoll K, Leidner D E. 1998. Is anybody out there? Antecedents of trust in global virtual teams ［J］. Journal of Management Information Systems, 14 (4): 29-64

Jarvenpaa S L, Staples D S. 2000. The use of collaborative electronic media for information sharing: an exploratory study of determinants ［J］. Journal of Strategic information Systems, 9 (2-3): 129-154

Jennings M. 2000. Theory and models for creating engaging and immersive commerce Websites ［C］// Prasad J, Nance W. Proceedings of the ACM Conference on Computer Personnel Research (SIGCPR). New York: ACM Press: 77-85

Jian T, Ping Z, Wu P F. 2015. Categorizing consumer behavioral responses and artifact design features: The case of online advertising ［J］. Information Systems Frontiers, (17): 513-532

Jiang Y, Kim Y T. 2015. Developing multi-dimensional green value: extending Social Exchange Theory to explore customers' purchase intention in green hotels-evidence from Korea ［J］. International Journal of Contemporary Hospitality Management, 27 (2): 308-334

Jiang Z, Chan J, Tan B C Y, et al. 2010. Effects of interactivity on website involvement and purchase intention ［J］. Journal of the Association for Information Systems, 11 (1): 34-59

John D, Grayson K. 1995. Marketing and seduction: building exchange relationships by managing social consensus ［J］. Journal of Consumer Research, (21): 660-676

Johnson G J, Bruner G C, Kumar A. 2006. Interactivity and its facets revisited: Theory and empirical test ［J］. Journal of Advertising, 35 (4): 35-52

Joo Y J, Oh E, Su M K. 2015. Motivation, instructional design, flow, and academic achievement at a Korean online university: a structural equation modeling study ［J］. Journal of Computing in Higher Education, 27 (1): 28-46

Jordan P W. 1998. Human factors for pleasure in product use ［J］. Applied Ergonomics, 29 (1):

25-33

Joshi M, Chugh R. 2008. New paradigms in the teaching and learning of accounting: Use of educational blogs for reflective thinking [J]. International Journal of Education and Development using ICT, 5 (3)

Kaiser H F. 1974. An index of factorial simplicity [J]. Psychometrika, (39): 31-36

Kalman M E. 1999. The Effects of Organizational Commitment and Expected Outcomes on the Motivation to Share Discretionary Information in a Collaborative Database: Communication Dilemmas and Other Serious Games [D]. Doctoral Dissertation, Los Angeles, CA, University of Southern California

Kang Y S, Lee H. 2010. Understanding the role of an IT artifact in online service continuance: an extended perspective of user satisfaction [J]. Computers in Human Behavior, 26 (3): 353-364

Kankanhalli A, Lee O K, Kai H L. 2011. Knowledge reuse through electronic repositories: A study in the context of customer service support [J]. Information and Management, 48 (2-3): 106-113

Kankanhalli A, Wei K K. 2005. Contributing knowledge to electronic knowledge repositories: an empirical investigation [J]. MIS Quarterly, 29 (1): 113-143

Kelleher T, Miller B M. 2006. Organizational blogs and the human voice: Relational strategies and relational outcomes [J/OL]. Journal of Computer-Mediated Communication, 11 (2)

Keng C J, Ting H Y. 2009. The acceptance of blogs: using a customer experiential value perspective [J]. Internet Research, 19 (5): 479-495

Kim B, Han I. 2009. The role of trust belief and its antecedents in a community-driven knowledge environment [J]. Journal of the American Society for Information Science and Technology, 60 (5): 1012-1026

Kim B. 2010. An empirical investigation of mobile data service continuance: Incorporating the theory of planned behavior into the expectation-confirmation model [J]. Expert Systems with Applications, 37 (10): 7033-7039

Kim H J. 2000. Motivations for hyperlinking in scholarly electronic articles: A qualitative study [J]. Journal of the American Society for Information Science and Technology, 51 (10): 887-899

Kim H W, Chan H C, Gupta S. 2007. Value-based adoption of mobile internet: An empirical investigation [J]. Decision Support Systems, 43 (1): 111-126

Kim S, Stoel L. 2004. Apparel retailers: Website quality dimensions and satisfaction [J]. Journal of Retailing and Consumer Services, 11 (2): 109-117

Kim Y H, Dan J K, Wachter K. 2013. A study of mobile user engagement (MoEN): Engagement motivations, perceived value, satisfaction, and continued engagement intention [J]. Decision Support Systems, 56 (1): 361-370

King S F, Burgess T F. 2006. Beyond critical success factors: A dynamic model of enterprise system innovation [J]. International Journal of Information Management, 26 (1): 59-69

Kiousis S. 1999. Broadening the boundaries of interactivity: a concept explication [C]. Association for Education in Journalism and Mass Communication Annual Conference, New Orleans, LA

Kirk C P, Chiagouris L, Gopalakrishna P. 2012. Some people just want to read: The roles of age, interactivity, and perceived usefulness of print in the consumption of digital information products [J]. Journal of Retailing and Consumer Services, 19 (1): 168-178

Kirkup G. 2010. Academic blogging, academic practice and academic identity [J]. London Review of Education, 8 (1): 75-84

Kollock P. 1998. Social dilemmas: The anatomy of cooperation [J]. Annual Review of Sociology, (24): 183-214

Kollock P. 1999. The economics of online cooperation: gifts, and public goods in cyberspace [C] // Smith M, Kollock P. Communities in Cyberspace. London: Routledge: 220-239

Komorita S S, Parks C D. 1994. Social Dilemmas [M]. Madison, WI: Brown and Benchmark

Koufaris M. 2002. Applying the technology acceptance model and flow theory to online consumer behavior [J]. Information Systems Research, 13 (2): 205-223

Kramer R M, Brewer M B, Hanna B A. 1996. Collective trust and collective action: The desire to trust as a social decision [M] //Kramer R M, Tyler T R. Trust in organizations: Frontiers of theory and research. Thousand Oaks, CA: SAGE

Kumar N, Scheer L K, Steenkamp J B E M. 1995. The effects of perceived interdependence on dealer attitudes [J]. Journal of Marketing Research, (17): 348-356

Kumar R, Novak J, Raghavan P, et al. 2004. Structure and evolution of blogspace [J]. Communications of the ACM, (47): 35-39

Lai C Y, Yang H L. 2014. The reasons why people continue editing Wikipedia content - task value confirmation perspective [J]. Behaviour and Information Technology, 33 (12): 1371-1382

Lai H M, Chen C P. 2011. Factors influencing secondary school teachers' adoption of teaching blogs [J]. Computers and Education, 56 (4): 948-960

Lai H M, Chen T T. 2014. Knowledge sharing in interest online communities: A comparison of posters and lurkers [J]. Computers in Human Behavior, 35 (6): 295-306

Lankton N, Mcknight D H, Thatcher J B. 2014. Incorporating trust- in- technology into Expectation Disconfirmation Theory [J]. Journal of Strategic Information Systems, 23 (2): 128-145

Lavie T, Tractinsky N. 2004. Assessing dimensions of perceived visual aesthetics of web sites [J]. International Journal of Human-Computer Studies, 60 (3): 269-298

Lawley L. 2012- 10- 28. Thoughts on Academic Blogging [EB/OL]. http://many.corante.com/archives/2004/04/01/thoughts_ on_ academic_ blogging_ msr_ breakout_ session_ notes. php

Lee C S, Bang S B. 2004. The effects of shopping value on online purchasing intention: focus on product attribute importance as intervening variables [J]. Korean Marketing Research, 19 (2): 41-69

Lee C S, Ma L. 2012. News sharing in social media: The effect of gratifications and prior experience
[J]. Computers in Human Behavior, 28 (2): 331-339

Lee J S. 2000. Interactivity: A New Approach [C]. Association of Education in Journalism and Mass
Communication Conference, Phoenix, AZ

Lee M. 2010. Explaining and predicting users' continuance intention toward e-learning: an extension of
the expectation-confirmation model [J]. Computers and Education, 54 (2): 506-516

Lee T. 2005. The impact of perceptions of interactivity on customer trust and transaction intentions in
mobile commerce [J]. Journal of Electronic Commerce Research, 6 (3): 165-180

Lee Y, Kwon O. 2011. Intimacy, familiarity and continuance intention: An extended expectation-con-
firmation model in web-based services [J]. Electronic Commerce Research and Applications,
10 (3): 342-357

Leimeister J M, Ebner W, Krcmar H. 2005. Design, implementation, and evaluation of trust-
supporting components in virtual communities for patients [J]. Journal of Management Information
Systems, 21 (4): 101-135

Li H, Liu Y, Xu X, et al. 2015. Modeling hedonic is continuance through the uses and gratifications
theory: An empirical study in online games [J]. Computers in Human Behavior, (48): 261-272

Li H, Liu Y. 2014. Understanding post-adoption behaviors of e-service users in the context of online
travel services [J]. Information and Management, 51 (8): 1043-1052

Li M, Dong, Z Y, Chen X. 2012. Factors influencing consumption experience of mobile commerce:
A study from experiential view [J]. Internet Research, 22 (2): 120-141

Liao C, To P L, Hsu F C. 2013. Exploring knowledge sharing in virtual communities [J]. Online
Information Review, 37 (6): 891-909

Liao H L, Liu S H, Pi S M. 2011. Modeling motivations for blogging: an expectancy theory analysis
[J]. Social Behavior and Personality, 39 (2): 251-264

Lin C, Wu S, Tsai R. 2005. Integrating perceived playfulness into expectation-confirmation model for
web portal context [J]. Information and Management, 42 (5): 683-693

Lin T C, Huang S L, Hsu C J. 2015. A dual-factor model of loyalty to IT product - The case of smart-
phones [J]. International Journal of Information Management, 35 (2): 215-228

Lin T C, Wu S, Hsu S C, et al. 2012. The integration of value-based adoption and expectation-con-
firmation models: An example of IPTV continuance intention [J]. Decision Support Systems,
54 (1): 63-75

Lindgaard G, Fernandes G, Dudek C, et al. 2006. Attention Web designers: You have 50
milliseconds to make a good first impression [J]. Behavior and Information Technology, 25 (2):
115-126

Lindgren L. 2006. Is blogging scholarship? Why do you want to know? [J]. Washington University
Law Review, 84 (5): 1105-1108

Liu Y, Shrum L J. 2002. What is interactivity and is it always such a good thing? Implications of definition, person, and situation for the influence of interactivity on advertising effectiveness [J]. Journal of Advertising, 31 (4): 53-64

Louisa H, James L. 1998. Interactivity reexamined: a baseline analysis of early business web sites [J]. Journal of Broadcasting and Electronic Media, 42 (4): 457-474

Lovink G. 2008. Zero Comments: Blogging and Critical internetculture [M]. London: Routledge

Lowry P B, Spaulding T, Wells T, et al. 2006. A Theoretical Model and Empirical Results Linking Website Interactivity and Usability Satisfaction [C]. in Proceedings of the 39th Annual Hawaii International Conference on System Sciences-Volume 06: IEEE Computer Society

Lu H P, Hsiao K L. 2007. Understanding intention to continuously share information on weblogs [J]. Internet Research, 17 (4): 345-361

Lu H P, Hsiao K L. 2009. Gender differences in reasons for frequent blog posting [J]. Online Information Review, 33 (1): 135-156

Lu H P, Lin J C C, Hsiao K L, et al. 2010. Information sharing behaviour on blogs in Taiwan: Effects of interactivities and gender differences [J]. Journal of Information Science, 36 (3): 401-416

Lu L, Leung K, Koch P T. 2006. Managerial knowledge sharing: the role of individual, interpersonal, and organizational factors [J]. Management and Organization Review, 2 (1): 15-41

Luhmann N. 1979. Trust and Power [M]. Chichester, UK: John Wiley and Sons

Lutz R J, Guiry M. 1994. Intense consumption experiences: Peaks, performances, and Flow [C]. Proceedings of the Winter Marketing Educators' Conference, St. Petersburg, FL

Luzón M J. 2007. Academic weblogs as tools for e-collaboration among researchers [M]. Kock N. Encyclopedia of e-collaboration. Idea Group Inc.: Nueva York

Luzón M J. 2009. Scholarly hyperwriting: the function of links in academic weblogs [J]. Journal of the American Society for Information Science and Technology, 60 (1): 75-89

Luzón M J. 2010-09-13. Research group blogs: sites for self-presentation and collaboration [EB/OL]. http://unizar.es/aelfe2006/ALEFE06/5.newtechnologies/87.pdf

Ma W W K, Chan A. 2014. Knowledge sharing and social media: Altruism, perceived online attachment motivation, and perceived online relationship commitment [J]. Computers in Human Behavior, (39): 51-58

Mahnke R, Hess A B T. 2015. A grounded theory of online shopping flow [J]. International Journal of Electronic Commerce, 19 (3): 54-89

Manstead A S R, van Eekelen S A M. 1998. Distinguishing between perceived behavioral control and self-efficacy in the domain of academic achievement intentions and behaviors [J]. Journal of Applied Social Psychology, (28): 1375-1392

Mäntymäki M, Salo J. 2011. Teenagers in social virtual worlds: Continuous use and purchasing behavior in Habbo Hotel [J] . Computers in Human Behavior, 27 (6): 2088-2097

Mathwick C, Malhotra N K, Rigdon E. 2001. Experiential value: Conceptualization, measurement and application in the catalog and internet shopping environment [J] . Journal of Retailing, 77 (1): 39-56

Mayer R C, Davis J H, Schoorman F D. 1995. An integrative model of organizational trust [J]. Academy of Management Review, 20 (3): 709-734

McAllister D J. 1995. Affect-and cognition-based trust as foundations for interpersonal cooperation in organizations [J] . Academy of Management Journal, 38 (1): 24-59

McCullagh K. 2009. Blogging: self presentation and privacy [J] . Information and Communications Technology Law, 17 (1): 3-23

McGuire H. 2008-10-28. Why academics should blog [EB/OL] . http: //www. huffingtonpost. com/ hugh-mcguire/why-academics-should-blog_ b_ 138549. html

McKnight D H, Choudhury V, Kacmar C. 2002. The impact of initial consumer trust on intentions to transact with a Web site: A trust building model [J] . Journal of Strategic Information Systems, 11 (3/4): 297-323

McKnight D H, Cummings L L, Chervany N L. 1998. Initial trust formation in new organizational relationships [J] . Academy of Management Review, 23 (3): 473-490

McMillan S J, Hwang J S. 2002. Measures of perceived interactivity: an exploration of the role of direction of communication, user control, and time in shaping perceptions of interactivity [J]. Journal of Advertising, 31 (3): 29-42

McMillan S J. 2002. Exploring Models of Interactivity from Multiple Research Traditions: Users, Documents, and Systems [M] . Lievrouw L A, Livingstone S. Handbook of New Media: Social Shaping and Consequences of ICTs. London: SAGE

Mehrabian A, Russell J A. 1974. An Approach to Environmental Psychology [M] . Cambridge, MA: MIT Press

Mellow G O, Woolis D D. 2010. Teetering between eras: Higher education in a global, knowledge networked world [J] . On The Horizon, 18 (4): 308-319

Michalco J, Simonsen J G, Hornbaek K. 2015. An exploration of the relation between expectations and user experience [J] . International Journal of Human-Computer Interaction, 31 (9): 603-617

Miura A. 2007. Can weblogs cause the emergence of social intelligence?: causal model of intention to continue publishing weblog in Japan [J] . AI and Society archive, (22): 237-251

Molm L D. 2001. Theories of Social Exchange and Exchange Networks [M] // Ritzer G, Smart B. Handbook of Social Theory. London: Sage

Moore G C, Benbasat I. 1991. Development of an instrument to measure the perceptions of adopting an information technology innovation ［J］. Information Systems Research, 2 (3): 173-191

Morgan R M, Hunt S D. 1994. Commitment-trust theory of relationship marketing ［J］. Journal of Marketing, (58): 20-38

Mouakket S. 2015. Factors influencing continuance intention to use social network sites: The Facebook case ［J］. Computers in Human Behavior, (53): 102-110

Mummalaneni V. 2005. An empirical investigation of Web site characteristics, consumer emotional states and on-line shopping behaviors ［J］. Journal of Business Research, 58 (3): 526-532

Nahapiet J, Ghoshal S. 1998. Social capital, intellectual capital and organizational advantage ［J］. Academy of Management Review, 23 (2): 242-266

Nardi B A, Schiano D J, Gumbrecht M, et al. 2004. Why we blog ［J］. Communications of the ACM, 47 (12): 41-46

Newhagen J E, Cordes J W, Levy M R. 1995. Nightly at NBC. Com: Audience scope and the perception of interactivity in viewer mail on the internet ［J］. Journal of Communication, (45): 164-175

Nielsen M. 2009. Doing science in the open ［J］. Physics World, (1): 30-35

Nielsen J. 2010-09-19. Particpation Inequality: lurkers vs. contributors in Internet communities ［EB/OL］. http://www. useit. com/alertbox/participation_ inequality. html

Noah W F. 2011-12-19. Blog-Based Peer Review: Four Surprises ［EB/OL］ http://grandtextauto. org/category/expressive-processing

Nonaka I. 1994. A dynamic theory of organizational knowledge creation ［J］. Organization Science, 5 (1): 14-37

Novak T P, Hoffman D L, Yung Y F. 2000. Measuring the customer experience in online environments: a structural modeling approach ［J］. Marketing Science, 19 (1): 22-42

Nunnally J C. 1978. Psychometric Theory ［M］. New York: McGraw-Hill

Nysveen H, Pedersen P E, Thorbjørnsen H. 2005. Explaining intention to use mobile chat services: Moderating effects of gender ［J］. Journal of Consumer Marketing, 22 (5): 247-256

OECD. 2007-12-22. Participative web and user-created content: Web 2. 0, Wikis and social networking edition complete. OECD Information Sciences and Technologies ［EB/OL］. http://www. oecd. org/document/40/0, 3343, en_ 2649_ 34223_ 39428648_ 1_ 1_ 1_ 1, 00. html

Oghuma A P, Libaque-Saenz C F, Wong S F, et al. 2016. An expectation-confirmation model of continuance intention to use mobile instant messaging ［J］. Telematics and Informatics, (33): 34-47

Oliver R L. 1980. A cognitive model of the antecedents and consequences of satisfaction decisions ［J］. Journal of Marketing Research, 17 (4): 460-469

Oliver R L. 1981. Measurement and evaluation of satisfaction processes in retail settings ［J］. Journal of Retailing, 57 (3): 25-48

Oliver R L. 1993. Cognitive, affective, and attribute bases of the satisfaction response ［J］. Journal of Consumer Research, 20 (3): 418-430

Osterloh M, Frey B S. 2000. Motivation, Knowledge transfer, and Organizational Forms [J]. Organization Science, (11): 538-550

Ouirdi M E, Segers J, Ouirdi A E, et al. 2015. Predictors of job seekers' self-disclosure on social media [J]. Computers in Human Behavior, (53): 1-12

Palmer J W. 2002. Web site usability, design, and performance metrics [J]. Information Systems Research, 13 (2): 151-167

Parasuraman A, Grewal D. 2000. The impact of technology on the quality-value-loyalty chain: A research agenda [J]. Journal of Academic of Marketing, Science, (28): 168-174

Parboteeah D V, Valacich J S, Wells J D. 2009. The influence of website characteristics on a consumer's urge to buy impulsively [J]. Information Systems Research, 20 (1): 60-78

Park J G, Lee H, Lee J. 2015. Applying social exchange theory in IT service relationships: exploring roles of exchange characteristics in knowledge sharing [J]. Information Technology and Management, (16): 1-14

Park Y, Heo G M, Lee R. 2011. Blogging for informal learning: analyzing bloggers' learning perspective [J]. Educational Technology and Society, 14 (2): 149-160

Patterson P G, Johnson L W, Spreng R A. 1997. Modeling the determinants of customer satisfaction for business-to-business professional services [J]. Academy of Marketing Science Journal, 25 (1): 4-17

Pavlik J V. 1998. New media technology: Cultural and commercial perspectives (2nd) [M]. Boston: Allyn and Bacon

Pereira A G, Raes F, Pedrosa T D, et al. 2009. Atmospheric composition change research: Time to go post-normal? [J]. Atmospheric Environment, 43 (33): 5423-5432

Phillips A. 2010. Blog to the future? Journals publishing in the twenty-first century [J]. Journal of Scholarly Publishing, 42 (1): 16-30

Pi S M, Liao H L, Liu S H, et al. 2010. The effect of user perception of value on use of blog services [J]. Social Behavior and Personality, 38 (8): 1029-1040

Piyathasanan B, Mathies C, Wetzels M, et al. 2015. A hierarchical model of virtual experience and its influences on the perceived value and loyalty of customers [J]. International Journal of Electronic Commerce, 19 (2): 126-158

Podsakoff M P, Organ D W. 1986. Self-reports in organizational research: problems and prospects [J]. Journal of Management, 12 (4): 531-544

Podsakoff P M, Mackenzie S B, Lee J Y, et al. 2003. Common method biases in behavioral research: A critical review of the literature and recommended remedies [J]. Journal of Applied Psychology, (88): 879-903

Powell D A, Jacob C J, Chapman B J. 2012. Using blogs and new media in academic practice:

potential roles in research, teaching, learning, and extension [J]. Innovative Higher Education, (37): 271-282

Priem J, Hemminger B M. 2010. Scientometrics 2.0: Toward new metrics of scholarly impact on the social web [J/OL]. First Monday, 15 (7). http: //firstmonday. org/htbin/cgiwrap/bin/ojs/index. php/fm/article/viewArticle/2874/2570 [2011-10-15]

Privette G, Bundrick C M. 1987. Measurement of experience: Construct and content validity of the Experience Questionnaire [J]. Perceptual and Motor Skills, 65 (1): 315-332

Putnam L. 2011. The changing role of blogs in science information dissemination [J/OL]. Issues in Science and Technology Librarianship, (65). http: //www. istl. org/11- spring/article4. html [2012-03-20]

Qu W G, Pinsonneault A, Tomiuk D, et al. 2015. The impacts of social trust on open and closed B2B e-commerce: A Europe-based study [J]. Information and Management, 52 (2): 151-159

Quadir B, Chen N S. 2015. The effects of reading and writing habits on blog adoption [J]. Behaviour and Information Technology, 34 (9): 893-901

Rapoport A, Eshed-Levy D. 1989. Provision of step-level public goods: Effects of greed and fear of being gypped [J]. Organizational Behavior and Human Decision Processes, 44 (3): 325-344

Rettie R. 2001. An exploration of flow during Internet use [J]. Internet Research, 11 (2): 103-113

Ridings C M, Gefen D, Arinzec B. 2002. Some antecedents and effects of trust in virtual communities [J]. Journal of Strategic Information Systems, 11 (3-4): 271-295

Robb J M, McCarthy J C, Sheridan H D. 1997. Intelligent interactivity [J]. The Forrester Report, 1 (12)

Rotter J B. 1971. Generalized expectancies for interpersonal trust [J]. American Psychologist, (26): 443-450

Ryan R M, Deci E L. 2000a. Intrinsic and extrinsic motivations: Classic definitions and new directions [J]. Contemporary Educational Psychology, 25 (1): 54-67

Ryan R M, Deci E L. 2000b. Self-determination theory and the facilitation of intrinsic motivation, social development, and well-being [J]. American Psychologist, 55 (1): 68-78

Sanchez-Franco M K. 2006. Exploring the influence of gender on web usage via partial least squares [J]. Behavior and Information Technology, 25 (1): 19-36

Saper C. 2006. Blogademia [J/OL]. Reconstruction, 6 (4): 1-15. http: //reconstruction. eserver. org/064/saper. shtml [2012-10-10]

Sauer I M, Bialek D, Efimova E, et al. 2004. "logs" and "Wikis" are valuable software tools for communication within research groups [J]. Artificial Organs, 29 (1): 82-89

Seddon P B. 1997. A respecification and extension of the DeLone and McLean model of IS success [J]. Information Systems Research, 8 (3): 240-253

Shankar V, Urban G L, Sultan F. 2002. Online trust: A stakeholder perspective, concepts, implications, and future directions [J]. Journal of Strategic Information Systems, (11): 325-344

Sherry J L. 2004. Flow and Media Enjoyment [J]. Communication Theory, 14 (4): 328-347

Shi S, Chow W S. 2015. Trust development and transfer in social commerce: Prior experience as moderator [J]. Industrial Management and Data Systems, 115 (7): 1182-1203

Shiau W L, Luo M M. 2010. Continuance intention of blog users: The impact of perceived enjoyment and user involvement [C]. PACIS 2010, Taipei, Taiwan: 856-867

Shiau W L, Luo M M. 2012. Factors affecting online group buying intention and satisfaction: A social exchange theory perspective [J]. Computers in Human Behavior, 28 (6): 2431-2444

Shibchurn J, Yan X. 2015. Information disclosure on social networking sites: An intrinsic-extrinsic motivation perspective [J]. Computers in Human Behavior, (44): 103-117

Shih H P, Huang E. 2014. Influences of Web interactivity and social identity and bonds on the quality of online discussion in a virtual community [J]. Information Systems Frontiers, 16 (4): 627-641

Shim S I, Forsythe S, Kwon W S. 2015. Impact of online flow on brand experience and loyalty [J]. Journal of Electronic Commerce Research, 16 (1): 56-71

Sicilia M, Ruiz S, Munuera J L. 2005. Effects of interactivity in a web site: The moderating effect of need for cognition [J]. Journal of Advertising, 34 (3): 31-45

Siekpe J S. 2005. An examination of the multidimensionality of flow construct in a computer-mediated environment [J]. Journal of Electronic Commerce Research, 6 (1): 31-43

Skipper M. 2006. Would Mendel have been a blogger? [J]. Nature Reviews Genetics, 7 (9): 664

Steuer J. 1992. Defining virtual reality: Dimensions determining telepresence [J]. Journal of Communication, 42 (4): 73

Straubhaar J, LaRose R. 1996. Communications media in the information society [M]. Belmont, CA: Wadsworth Press

Stuart K. 2006. Towards an analysis of academic weblog [J]. Revista Alicantina de Estudios Ingleses, (19): 387-404

Sublet V, Spring C, Howard J, et al. 2011. Does social media improve communication? Evaluating the NIOSH science blog [J]. American Journal of Industrial Medicine, 54 (5): 384-394

Sun J Y, Han S H, Huang W. 2012. The roles of intrinsic motivators and extrinsic motivators in promoting e-learning in the workplace: A case from South Korea [J]. Computers in Human Behavior, 28 (3): 942-950

Sun Y, Zhao Y, Jia S-Q, et al. 2015. Understanding the Antecedents of Mobile Game Addiction: The Roles of Perceived Visibility, Perceived Enjoyment and Flow [C]. PACIS 2015 Proceedings, Paper 141

Tang E, Lam C. 2014. Building an effective online learning community (OLC) in blog-based teaching portfolios ［J］. Internet and Higher Education, （20）: 79-85

Tang J T E, Chiang C H. 2010. Integrating experiential value of blog use into the expectation-confirmation theory model ［J］. Social Behavior and Personality, 38 （10）: 1377-1390

Tang Z, Hu Y, Smith M D. 2008. Gaining trust through online privacy protection: Self-regulation, mandatory standards, or caveat emptor ［J］. Journal of Management Information Systems, （24）: 153-173

Tang, J T E, Tang T I, Chiang C H. 2014. Blog learning: Effects of users' usefulness and efficiency towards continuance intention ［J］. Behaviour and Information Technology, 33 （1）: 36-50

Teo T S H, Lim V K G, Lai R Y C. 1999. Intrinsic and extrinsic motivation in Internet usage ［J］. Omega, 27 （1）: 25-37

Teo T S H. 2001. Demographic and motivation variables associated with internet usage activities ［J］. Internet Research, 11 （2）: 125-137

Thelwall M. 2012-08-22. What is this link doing here? Beginning a fine-grained process of identifying reasons for academic hyperlink creation ［EB/OL］. http: //informationr. net/ir/8- 3/paper151. html

Thong J Y L, Hong S J, Tam K Y. 2006. The effects of post-adoption beliefs on the expectation-confirmation model for information technology continuance ［J］. International Journal of Human Computer Studies, 64 （9）: 799-810

Thorson K S, Rodgers S. 2006. Relationships between blogs as ewom and interactivity, perceived interactivity, and parasocial interaction ［J］. Journal of Interactive Advertising, 6 （2）: 34-44

Tim O'Reilly. 2005. What is Web 2.0 ［EB/OL］. http: //www. oreillynet. com/pub/a/oreilly/tim/news/2005/09/30/what-is-web-20. html ［2006-10-22］

To P L, Liao C, Lin T H. 2007. Shopping motivations on Internet: A study based on utilitarian and hedonic value ［J］. Technovation, 27 （12）: 774-787

Tojib D, Tsarenko Y, Sembada A Y. 2015. The facilitating role of smartphones in increasing use of value-added mobile services ［J］. New Media and Society, 17 （8）: 1220-1240

Tractinsky N. 2004. Toward the study of aesthetics in information technology ［C］. Proceedings of the Twenty-Fifth International Conference on Information Systems. Atlanta: AIS

Tractinsky N. 2006. Aesthetics in Information Technology: Motivation and Future Research Directions ［C］// Zhang P, Galletta D. Human-Computer Interaction and Management Information Systems: Foundations. Advances in Management Information Systems, vol. 5. Armonk, NY: M. E. Sharpe

Tsai W, Ghoshal S. 1998. Social capital and value creation: The role of intrafirm network ［J］. Academy of Management Journal, 41 （4）: 464-476

Vallerand R J. 1997. Toward a hierarchical model of intrinsic and extrinsic motivation ［C］// Zanna M. Advances in experimental psychology, Vol. 29, New York: Academic Press: 271-360

van der Heijden H. 2003. Factors influencing the usage of websites: the case of a generic portal in the

Netherlands [J]. Information and Management, 40 (6): 541-549

van der Heijden H. 2004. User acceptance of hedonic information systems [J]. MIS Quarterly, 28 (4): 695-704

van Dolen W M, Dabholkar P A, Ruyter K D. 2007. Satisfaction with online commercial group chat: the influence of perceived technology attributes, chat group characteristics, and advisor communication style [J]. Journal of Retailing, 83 (3): 339-358

Verhagen T, Feldberg F, Hooff B V D, et al. 2012. Understanding users' motivations to engage in virtual worlds: A multipurpose model and empirical testing [J]. Computers in Human Behavior, 28 (2): 484-495

Wakeford N, Cohen K. 2008. Fieldnotes in public: using blog for research [M] //Fielding N, Lee R M, Blank G. Handbook of Online Research Methods. London: SAGE

Walker J. 2006. Blogging from Inside the Ivory Tower [M] // Bruns A, Jacobs J. Uses of Blogs. New York: Peter Lang: 127-138

Ward M. 2006. Thoughts on blogging as an ethnographic tool [C]. Proceedings of the 23rd annual ascilite conference: Who's learning? Whose technology? Sydney, Australia

Wasko M M, Faraj S. 2005. Why should I share? Examining social capital and knowledge contribution in electronic networks of practice. MIS Quarterly, 29 (1): 35-57

Weibel D, Wissmath B, Habegger S, et al. 2008. Playing online games against computer- vs. human-controlled opponents: Effects on presence, flow, and enjoyment [J]. Computers in Human Behavior, 24 (5): 2274-2291

Wen C, Prybutok V R, Xu C. 2011. An integrated model for customer online repurchase intention [J]. Journal of Computer Information Systems, 52 (1): 14-23

Wilkinson D, Harries G, Thelwall M, et al. 2003. Motivations for academic web site interlinking: evidence for the Web as a novel source of information on informal scholarly communication [J]. Journal of Information Science, 29 (1): 49-56

Wixom B H, Todd P A. 2005. A theoretical integration of user satisfaction and technology acceptance [J]. Information Systems Research, 16 (1): 85-102

Wolfinbarger M, Gilly M C. 2001. Shopping online for freedom, control, and fun [J]. California Management Review, 43 (2): 34-55

Wu H L, Wang J W. 2011. An empirical study of flow experiences in social network sites [C]. Pacific Asia Conference on Information Systems, PACIS 2011: Quality Research in Pacific Asia, Brisbane, Queensland, Australia

Wu I L, Huang C Y. 2015. Analysing complaint intentions in online shopping: the antecedents of justice and technology use and the mediator of customer satisfaction [J]. Behaviour and Information Technology, 34 (1): 69-80

Wu J J, Chang Y S. 2005. Towards understanding members' interactivity, trust, and flow in online travel community ［J］. Industrial Management and Data Systems, 105 （7）: 937-954

Yamagishi T, Sato K. 1986. Motivational bases of the public goods problem ［J］. Journal of Personality and Social Psychology, 50 （1）: 67-73

Yang Q, Pang C, Liu L, et al. 2015. Exploring consumer perceived risk and trust for online payments: An empirical study in China's younger generation ［J］. Computers in Human Behavior, （50）: 9-24

Yoo W S, Lee Y, Park J K. 2010. The role of interactivity in e-tailing: Creating value and increasing satisfaction ［J］. Journal of Retailing and Consumer Services, 17 （2）: 89-96

Zaman M, Anandarajan M, Dai Q. 2010. Experiencing flow with instant messaging and its facilitating role on creative behaviors ［J］. Computers in Human Behavior, 26 （5）: 1009-1018

Zeithaml V A. 1988. Consumer perceptions of price, quality, and value: a means- end model and synthesis of evidence ［J］. Journal of Marketing, （52）: 2-22

Zeng L, Salvendy G, Zhang M. 2009. Factor structure of website creativity ［J］. Computers in Human Behavior, 25 （2）: 568-577

Zhang Q, Swain D E, Hawamdeh S, et al. 2006. Virtual Communities and Social Networks: The Impact of Blogs and Online Community on Social Engagement ［C］. Proceedings of the American Society for Information Science and Technology, 43 （1）: 1-5

Zhang K Z K, Lee M K O, Cheung C M K, et al. 2009. Understanding the role of gender in bloggers' switching behavior ［J］. Decision Support Systems, 47 （4）: 540-546

Zhang H, Lu Y, Gupta S, et al. 2014. What motivates customers to participate in social commerce? The impact of technological environments and virtual customer experiences ［J］. Information and Management, （51）: 1017-1030

Zhao X Q. 2008. Research on the knowledge transfer in academic blog ［C］//Zhou Q, Luo J. Intelligent Information Technology Application, Los Alamitos: IEEE Computer Society: 351-354

Zhao L, Lu Y. 2012. Enhancing perceived interactivity through network externalities: An empirical study on micro- blogging service satisfaction and continuance intention ［J］. Decision Support Systems, （53）: 825-834

Zhou T, Li H, Liu Y. 2010. The effect of flow experience on mobile SNS users' loyalty ［J］. Industrial Management and Data Systems, 110 （6）: 930-946

Zhou T, Lu Y. 2011. Examining mobile instant messaging user loyalty from the perspectives of network externalities and flow experience ［J］. Computers in Human Behavior, （27）: 883-889

Zhou T. 2013. An empirical examination of continuance intention of mobile payment services ［J］. Decision Support Systems, 54 （2）: 1085-1091

Zucker L G. 1986. Production of trust: Institutional sources of economic structure, 1840- 1920 ［M］//Staw B M, Cummings L L. Research in Organizational Behavior, Volume 8. Greenwich, CT: JAI Press

附　　录

附录1　学术博客采纳意愿的调查问卷

您好！非常感谢您抽出宝贵的时间完成这份问卷！

此次调查完全出于学术研究目的，考察影响个体愿意使用学术博客行为的因素。本调查不是测验，答案没有对错之分。大约耽误您三四分钟的时间，请您根据自己的实际情况填写。对您所提供的资料绝对保密，将汇总到的整体资料进行分析。

对您的合作和支持，我们表示衷心的感谢！

第一部分：

　1. 您是否拥有自己的学术博客？

　□是　　□否

　2. 博客所在的社区名称是：

　□科学网　　□丁香园　　□Sina 图情博客圈　　　□其他：_____

　3. 您为何不使用学术博客？（如果第 1 题选择"否"，请回答）

　□没听说过学术博客。

　□没找到合适的博客站点。

　□不熟悉博客站点。

　□博客站点不方便使用。

　□没时间写博客。

　□管理博客的成本太高。

　□没内容可写。

　□担心知识产权问题。

　□知识需要保密。

　□担心博文不会引起他人的兴趣。

　□不认识博客社区中的用户。

　□个人性格原因。

□不愿意与陌生人交流与共享知识。

□其他：_____

第二部分：基本信息

1. 性别：

□男　□女

2. 年龄：

□≤19 岁　□20～29 岁　□30～39 岁　□40～49 岁　□≥50 岁

3. 职称：

□教授/研究员　□副教授/副研究员　□讲师　□助教　□高校学生

4. 教育背景：

□本科以下　□本科　□硕士研究生　□博士研究生

5. 所在的学科领域：

□生命科学　□医学科学　□化学科学　□工程材料　□信息科学

□地球科学　□数理科学　□管理综合

6. 使用博客的经历：

□3 个月以下　□3～6 个月　□6 个月到 1 年　□1～2 年　□2 年以上

7. 每次使用博客的时间：

□1 小时以内　□1～3 小时　□3 小时以上

8. 更新博客的频率：

□每天更新　□每周更新　□每月更新　□很少更新

第三部分：根据您使用学术博客的经历，请回答以下问题

1. 您认为您对社区成员的熟悉程度如何？

项目	非常 不赞同	不赞同	有些 不赞同	中立	有些 赞同	赞同	非常 赞同
通过阅读他人的博文或评论，我熟悉社区中的部分成员							
通过阅读他人的博文或评论，我熟悉社区中部分成员的兴趣和行为特点等							
通过阅读个人信息等，我熟悉社区中的部分成员							
通过彼此间的交互，我熟悉社区中的部分成员							

2. 您认为您对博客服务提供商的熟悉程度如何?

项目	非常 不赞同	不赞同	有些 不赞同	中立	有些 赞同	赞同	非常 赞同
通过访问该站点，我熟悉这一博客服 务提供商							
通过阅读该站点的博文，我熟悉这一 博客服务提供商							

3. 您认为您所使用的博客服务提供商具有:

项目	非常不赞同	不赞同	有些不赞同	中立	有些赞同	赞同	非常赞同
良好的形象							
良好的声誉							
一定的影响力							

4. 您认为博客社区中的部分成员:

项目	非常 不赞同	不赞同	有些 不赞同	中立	有些 赞同	赞同	非常 赞同
在学术领域具有一定的影响力							
属于较为知名的学术团体							
来自于较为知名的高校或科研机构							
令人尊重							

5. 博客服务提供商为用户提供了_____，这让我在使用它时感到安全。

项目	非常 不赞同	不赞同	有些 不赞同	中立	有些 赞同	赞同	非常赞同
必要的安全保护措施							
一个稳健和安全的环境							
法律结构和技术结构上的保障							
有关安全保障的声明							

6. 就信任而言：

项目	非常不赞同	不赞同	有些不赞同	中立	有些赞同	赞同	非常赞同
一般来说，我信任其他人							
一般来说，我相信人性都是善良的							
总体上来说，我觉得人都是值得信赖的							
总体上来说，我相信其他人，除非他/她欺骗了我							

7. 您相信社区成员：

项目	非常不赞同	不赞同	有些不赞同	中立	有些赞同	赞同	非常赞同
拥有丰富的知识可以贡献							
具备贡献知识所需的相关技能							
对所讨论的话题有足够的了解							
有能力参与到话题的讨论中							
不会在社区中有意捣乱							
其言行是一致的							

8. 您相信博客服务提供商：

项目	非常不赞同	不赞同	有些不赞同	中立	有些赞同	赞同	非常赞同
是值得信赖的							
会尽可能为用户着想							
会为用户提供良好的服务							
会尽力满足用户的需求							

9. 当需要_____时，您愿意通过学术博客获取信息/知识。

项目	非常 不赞同	不赞同	有些 不赞同	中立	有些 赞同	赞同	非常 赞同
了解学术相关的信息/知识							
学术相关的建议或帮助							
了解学术领域的相关动态							
了解某一特点主题的信息/知识							

10. 您是否愿意通过学术博客共享信息/知识?

项目	非常 不赞同	不赞同	有些 不赞同	中立	有些 赞同	赞同	非常 赞同
我愿意经常共享自己的信息/知识							
我愿意共享学术相关的信息/知识							
如需要，我愿意为他人提供某些特定的信息/知识							
我愿意花时间与他人进行知识共享活动							

因研究需要，我们希望能对部分用户进行深度访谈，以深层次探索影响用户使用或不使用学术博客的因素。

您是否愿意接受我们后续的访谈研究?

□是，E-mail 是:_____　　　□否

＊＊问卷结束，再次感谢您的配合与帮助！＊＊

附录2　学术博客采纳行为的调查问卷

您好！非常感谢您抽出宝贵的时间完成这份问卷！

本次调查完全出于学术研究目的，考察个体通过学术博客与他人进行知识交流与共享行为的心理情况。研究的成果将有助于增强您和他人的学术交流与合作，同时也有助于加强对知识管理的深层知识。

本调查不是测验，答案没有对错之分。大约耽误您 5 分钟的时间，请您根据自己的实际情况填写。您提供的资料绝对保密，将汇总到整体资料进行分析。

对您的合作和支持，我们表示衷心的感谢！

［注］

·学术博客：以学术为主题的博客，旨在传播与交流学术观点、心得体会，发表学术思想等。

·知识交流与共享行为：与他人进行知识交互与分享的行为，主要包括撰写并更新博客、评论他人的博文、反馈他人的评论等；共享的内容包括与学术有关的任何显性知识和经验、技能等隐性知识。

＊＊请判断在多大程度上下列陈述的情况符合您的实际情况。＊＊

1. 您是否拥有自己的学术博客？

□是　　□否

2. 博客所在的社区名称是：

□科学网　　□丁香园　　□Sina 图情博客圈　　□其他：＿＿＿＿＿＿＿

第一部分：下列句子是描述您的行为的状况。

项目	非常 不符合	不符合	有些 不符合	中立	有些 符合	符合	非常 符合
1. 我经常写博客以便能与他人交流并共享知识							
2. 我经常浏览他人的博文并发表自己的看法或意见							
3. 我总是积极地回复他人对我的博文的评论							

第二部分：下列句子是描述您愿意与他人进行知识交流与共享的状况。

项目	非常 不符合	不符合	有些 不符合	中立	有些 符合	符合	非常 符合
4. 通常情况下，我相信社区中的成员会言行一致							

续表

项目	非常 不符合	不符合	有些 不符合	中立	有些 符合	符合	非常 符合
5. 社区中的成员是值得信赖的							
6. 我能够与他人自由地分享学术相关的想法							
7. 通过交流与共享知识，我获得了尊重							
8. 我认为交流与共享知识提高了我在学术领域中的影响							
9. 交流与共享知识能够提高我在学术领域中的声誉							
10. 交流与共享知识能够让我获得乐趣，享受快乐							
11. 交流与共享知识能够为他人提供有用的信息							
12. 从交流与共享知识的过程中我能够获得满足感							

第三部分：下列句子是描述您不愿意与他人进行知识交流与共享的状况。

项目	非常 不符合	不符合	有些 不符合	中立	有些 符合	符合	非常 符合
13. 通过博客交流与共享显性知识会削弱我在领域内的价值							
14. 通过博客交流与共享隐性知识会削弱我在领域内的价值							
15. 通过博客交流与共享显性知识会使我丧失我所特有的知识							
16. 通过博客交流与共享隐性知识会使我丧失我所特有的知识							

续表

项目	非常 不符合	不符合	有些 不符合	中立	有些 符合	符合	非常 符合
17. 我交流与共享的知识（如博文）往往无法引起他人的兴趣							
18. 我是否交流与共享知识对他人来说没区别							
19. 对他人来说，我交流与共享的知识（如博文）没有价值或参考意义							
20. 我总是能从社区中获取到知识，因此我很少分享自己的知识（如撰写博客等）							
21. 我希望从社区中获取到的知识能够多于我对社区贡献的知识							

第四部分：基本信息

1. 性别：
□男　□女

2. 年龄：
□≤19 岁　□20～29 岁　□30～39 岁　□40～49 岁　□50～59 岁
□≥60 岁

3. 职称：
□教授/研究员　□副教授/副研究员　□讲师　□助教　□高校学生

4. 教育背景：
□本科以下　□本科　□硕士研究生　□博士研究生

5. 所在的学科领域：
□生命科学　□医学科学　□化学科学　□工程材料　□信息科学
□地球科学　□数理科学　□管理综合

6. 使用博客的经历：
□3 个月以下　□3～6 个月　□6 个月到 1 年　□1～2 年　□2 年以上

7. 每次使用博客的时间：

□1 小时以内　　□1～3 小时　　□3 小时以上

8. 更新博客的频率：

□每天更新　　□每周更新　　□每月更新　　□很少更新

＊＊问卷结束，再次感谢您的配合与帮助！＊＊

附录3　学术博客持续意愿的调查问卷

您好！非常感谢您抽出宝贵的时间完成这份问卷！

此次调查完全出于学术研究目的，考察影响用户愿意持续使用学术博客的影响因素。本调查不是测验，答案没有对错之分。大约耽误您 5 分钟的时间，请您根据自己的实际情况填写。对您所提供的资料绝对保密，将汇总到整体资料进行分析。

对您的合作和支持，我们表示衷心的感谢！

第一部分：

1. 您是否拥有自己的学术博客？

□是　　□否

2. 博客所在的社区名称是：

□科学网　　□丁香园　　□Sina 图情博客圈　　　　□其他：_____

第二部分：基本信息

1. 性别：

□男　　□女

2. 年龄：

□≤19 岁　　□20～29 岁　　□30～39 岁　　□40～49 岁　　□≥50 岁

3. 职称：

□教授/研究员　　□副教授/副研究员　　□讲师　　□助教　　□高校学生

4. 教育背景：

□本科以下　　□本科　　□硕士研究生　　□博士研究生

5. 所在的学科领域：

□生命科学　　□医学科学　　□化学科学　　□工程材料　　□信息科学

□地球科学　　□数理科学　　□管理综合

6. 使用博客的经历：

□3 个月以下　□3 ~ 6 个月　□6 个月到 1 年　□1 ~ 2 年　□2 年以上

7. 每次使用博客的时间：

□1 小时以内　□1 ~ 3 小时　□3 小时以上

8. 更新博客的频率：

□每天更新　□每周更新　□每月更新　□很少更新

第三部分：根据您使用学术博客的经历，请回答以下问题

1. 您经常使用的学术博客是否对您有用?

项目	非常 不赞同	不赞同	有些 不赞同	中立	有些 赞同	赞同	非常 赞同
博客对我的工作/学习有用							
博客使我快速地与他人分享信息/知识							
博客有助于提高我分享信息/知识的效果							
博客使我更容易与他人分享信息/知识							

2. 比较您使用学术博客的期望与实际效果：

项目	非常 不赞同	不赞同	有些 不赞同	中立	有些 赞同	赞同	非常 赞同
总体上说，博客的使用满足了我的期望							
我使用博客的经历比我期望的要好							
总体上说，我从博客中获得了所期望的服务							
总体上说，我对使用博客的大多数期望得到了确认							

3. 您认为学术博客给您带来的美感如何?

项目	非常 不赞同	不赞同	有些 不赞同	中立	有些 赞同	赞同	非常 赞同
博客站点有着友好的用户设计							
我喜欢博客站点的外观							
我喜欢博客站点的设计							
我喜欢博客站点显示信息的方式							

4. 使用学术博客带给您的感觉如何?

项目	非常 不赞同	不赞同	有些 不赞同	中立	有些 赞同	赞同	非常 赞同
使用博客令人感到愉悦							
使用博客的实际过程很快乐							
使用博客有乐趣							

5. 就您对学术博客的付出与回报而言:

项目	非常 不赞同	不赞同	有些 不赞同	中立	有些 赞同	赞同	非常 赞同
对博客的付出是值得的							
对博客的付出是有价值的							
对博客的付出是有回报的							
博客所提供的信息/知识是有用的							

6. 当您使用学术博客时:

项目	非常 不赞同	不赞同	有些 不赞同	中立	有些 赞同	赞同	非常 赞同
时间似乎过得很快							
我似乎忘记了周围的环境							
我没有意识到我已经使用了多长时间							
我感觉心思完全集中到其中了							

7. 当您使用学术博客时：

项目	非常 不赞同	不赞同	有些 不赞同	中立	有些 赞同	赞同	非常 赞同
我感觉我能控制我的参与行为							
我能自由地选择我想看到的东西							
我的行为决定了我能从中获得的体验							

8. 通过学术博客：

项目	非常 不赞同	不赞同	有些 不赞同	中立	有些 赞同	赞同	非常 赞同
我与其他用户共享共同的联系纽带							
我很容易与其他用户保持联系							
我很容易与其他用户进行交流							

9. 当您使用学术博客时：

项目	非常 不赞同	不赞同	有些 不赞同	中立	有些 赞同	赞同	非常 赞同
其他用户对我的博文作出积极的回应							
我的博文总是能得到很多回应							
我的博文总是能得到快速回应							

10. 当我与学术博客进行交互时，其呈现的信息是：

项目	非常 不赞同	不赞同	有些 不赞同	中立	有些 赞同	赞同	非常 赞同
相关的							
恰当的							
合适的							
有用的							

11. 就您使用学术博客的经历而言：

项目	非常 不赞同	不赞同	有些 不赞同	中立	有些 赞同	赞同	非常 赞同
我对使用博客这一决定感到满意							
我使用博客这一选择是很明智的							
我决定使用博客是正确的							
我对使用博客这一决定感到开心							

12. 您是否愿意持续使用学术博客？

项目	非常 不赞同	不赞同	有些 不赞同	中立	有些 赞同	赞同	非常 赞同
我打算继续使用博客							
我将继续使用博客，如我现在做的 一样							
在将来，我将经常尽力使用博客							

＊＊问卷结束，再次感谢您的配合与帮助！＊＊

索　引

后　记

在博士论文即将成书之际，心里有着莫名的感慨。回想起当初论文选题的困惑，搜集论文数据时科学网账号被封的无奈，啃完厚厚一本英文统计分析书与逐步摸索全英文软件的汗水与泪水，一遍遍阅读与分析外文资料以及奋笔疾书的日日夜夜……这个过程，只有真正经历过的人才能深刻体会。

2004～2013年，是我青春中美好的9年时光，桂子山见证了我的成长和成熟。一路走来，酸甜苦辣的各种体会与经历，不断地锤炼着我。一路走来，许多人都在以他们自己的方式关心着我，鼓励着我，支持着我。我非常感谢他们。

首先要深深感谢的是我的导师王伟军。能遇上这样一位好导师是我的幸运。他言传身教，耐心指导，告诉我应该如何去做好研究，让我领会到科学研究的乐趣；信任我并不断给我锻炼的机会，不时地鼓励我、教导我；也时时严格地要求我、监督我。这一切的训练使我的科研能力和综合能力都得到很大的提高。想起我做助理、助教的日子，想起熬夜做PPT、写申报书的日子，想起我去台北、西安、北京、南京等参加的重要学术会议，想起我申请国家公派出国留学的艰辛与困难，想起公派出国时两万元的保证金……这一切，都让我特别感激我的导师。如果没有导师的教诲与支持，没有导师提供的各种资源和机会，可能今天我还在学术的道路上徘徊，我也不会取得今天的这些成绩。从导师身上学习到的，不仅是如何做研究，更有如何为人处世、对待工作与生活，这些都将让我受益终生。同时，我也要深深地感谢我的师母熊湘文老师。她是一个让人倍感亲切的老师，每次见面总是会问寒问暖，不管是学习、生活还是家庭方面，都对我关怀备至；和她聊天总是一件很轻松、愉快的事。

我也感谢我在芬兰Lappeenranta University of Technology公派留学的导师Kirsimarja Blomqvist教授。Blomqvist教授是欧洲知识管理领域的知名学者，是一位很有魅力的女性。她拥有丰富的实践经验、开阔的知识面以及敏锐的洞察力，这使得我每次与她交流总是能收获很多东西。她对待学术研究的严谨、对工作的敬业和对家庭的热爱，也深深地感染了我。也要感谢我的另外两位合作伙伴：博士后研究员Miia Kosonen和Mika Vanhala。与他们交流项目进展、修改合作论文以及探讨对数据的分析等的过程，也是我不断地解决自己研究中的困惑与难题的过程。还要感谢 TBRC 充满活力的研究员，他们是：教授 Puumalainen Kaisu、Jukka Hallikas 和 Aino Kianto，博士后研究员 Heidi Olander、Paavo Ritala、Kaisa Henttonen、Risto Seppänen、Jianzhong Hong 和研究员 Ossi Taipale，博士生 Anna-Maija Nisula 和 Daniela Grudinschi。和他们定期不定期的学术交流活动，总是给我启发。同时要感谢 TBRC 秘书 Päivi Nuutinen，她在学习上和生活上给了我很多细小的帮助和支持。还要感谢英语老师 Peter Jones，从他的演讲课和写作课上我学习到很多。在芬兰学习的日子，因为有了这些人，才充满了欢乐，不显得孤单。

感谢信息管理学院对我的培养，9 年的学习使得院里大部分老师都教过并指导过我。我感谢他们。课堂上，王学东老师的高屋建瓴；夏立新老师对晦涩难懂知识的通俗讲解；娄策群老师和程鹏老师对知识的独特讲解；黎苑楚老师、桂学文老师、王战平老师和段尧清老师的理论联系实践；夏南强老师、李玉海老师和程蕾老师对知识不同角度的讲解；李进华老师对提问、思考和质疑的反复强调；刘可静老师、陈菁华老师、熊回香老师和张自然老师的谆谆教诲等，点滴都让我受益匪浅。平日里，和段刢老师、卢新元老师、李进华老师、李延晖老师、陈静老师、田鹏师兄等讨论交流，让我收获良多。学习上，黄宁老师、张乾红老师、迟晓丽老师和蔡炎垅老师一直给予我必要的帮助和支持。还有李雅婷老师、周义老师、程敏老师、董志雄老师、张扬师兄、苏晓刚师兄等都时时关心我。此外，叶孔森老师、刘宝卿老师、郎东鹏老师、杨青松老师、皮启铎老师、况能富老师也时不时给我指导与鼓舞。

感谢同师门的诸位兄弟姐妹：很幸运大家能够聚集到"王门"，一起参与项目与讨论交流，一起游玩，共同成长。感谢同年级的各位师兄师姐：课堂上的激烈讨论、一起写论文的日子、平日里的关心与问候，都给自己的学习生活增添不少乐趣。感谢我的室友姐妹：宿舍里的聊天与互相鼓励，给生活带来欢乐和温暖。也感谢我的诸多好朋友：虽然毕业后大家各奔东西，平日的联系也不多，但在需要时，一个电话、一句问候已经让我感动。

与此同时，感谢国家自然科学基金的项目资助，感谢国家留学基金委对我联合培养出国留学的全额资助，感谢研究生院和导师课题对我的博士论文工作的经费支持；感谢多次的"国家奖学金"和"研究生标兵"奖学金等。这使得我没有任何经济上的担忧，能够安心做研究。感谢那些认识或不认识的科学网博主帮我回答问卷，这使得我的论文数据搜集工作得以顺利开展。

此外，感谢来自单位的支持。感谢中山大学资讯管理学院的诸位领导和同事，谢谢他们提供了一个宽松自由的学术环境。自 2013 年入职以来，他们在工作和生活上给予我的各种支持和帮助，让我能够很快地融入这个大家庭中。

最后，深深地感谢我至亲至爱的家人。我刚过世的爷爷和过世八年多的父亲，曾教导我要诚实、努力、勤奋、善待他人。身为文盲的母亲，教导我要独立、积极向上。与父亲一起挑粪的日子、与母亲在街头卖水果的日子……父母亲的点滴教诲与言传身教造就了我现在的吃苦耐劳、勤奋踏实与乐观。感谢我的大哥大嫂、大姐姐夫和小妹，虽然他们的文化水平都不高，但他们一直在默默地支持着我，鼓励着我。家里四个活泼可爱的小孩，在电话里和回家时稚嫩地喊着"姑姑"和"小姨"时，心里总是暖暖的。八十岁高龄的奶奶简单地一句"在学校还好吗"，总是激励自己加倍地努力。此外，感谢先生肖晨。和他 9 年异地乃至异国的马拉松式恋情，让我更加珍惜这份感情。没有他的陪伴、鼓励与支持，我也许不会读研、读博与出国，也不会有现在的成绩。在研究写作没有思路的时候，他总是以他工科的思维与我讨论、分析；在研究工作烦腻的时候，他总是鼓励我继续努力，不要气馁。感谢我们的爱情结晶肖文孝。从怀孕到现在的两年多时间里，很辛苦，但见到小家伙每天健康快乐地成长，很懂事有礼貌，这一切的苦和累都值得。也感谢我的公公婆婆，没有他们无怨无悔的付出，自己现在的生活和工作不会这么顺利。这份亲情促使自己更加努力地学习与生活，以更好地回报他们！

曾经很难想象会在同一个地方呆上近 10 年；曾经很难想象每天"三点一线"的生活会坚持近 10 年。走过后，回首望去，心里面满满的。桂子山上"本硕博 9 年"的学习与生活，让自己不再浮躁，而是拥有了一颗平静的心。

面对中山大学这个新环境和新征程，用我最喜欢的、来自《小王子》的一句话来自勉："As for the future, your task is not to foresee it, but to enable it."

最后，谨以此书献给我至爱的父亲和爷爷！

甘春梅

2015 年 12 月于中山大学东校区